鍾仕達

與世界拚搏的勇氣

鍾仕達／口述
蕭幼岩／採訪撰述

推薦序／

柯新治

從臺灣屏東萬巒小鎮的一個客家家庭裡，仕達兄先到潮州中學讀書，再到臺北工專讀紡織科系，畢業後在紡織工廠工作，數年後到日本工業大學學習混紡技術，在工作和創業一段長時間之後，又到美國的西太平洋大學學習企業管理的知識，並取得EMBA學位。他堅信學以致用，把教育作為提升他在紡織業技能的基礎，並在往後的創業過程中，廣泛運用所學的知識，成就了他輝煌的創業成績。

閱讀了《鍾仕達——與世界拚搏的勇氣》一書，我感到仕達兄處處都充滿衝勁。他掌握了紡織業的技術，又學習混紡，也就是將人造纖維和紡紗的原材料混合，成為紡織新品種的技術。在生產技能外，他又不辭勞苦地學習和投入營銷的工作，這對他往後開拓市場有很大的幫助。在一九七一年底，他毅然決定，攜家帶眷飛到新加坡開拓新市場。以新加坡為基地，他勇闖馬來西亞、印尼、印度、巴基斯坦等地。在發覺到勞工密集的紡織業，將逐漸轉移到人多、工資低的越南等地後，他毅然放棄紡織業，代之以創立製造冷氣管道和零組件的新事業。

閱讀本書，可感受到仕達兄成功的要素是刻苦耐勞。他說這是源自臺商和客家人艱苦奮鬥的精神。另一個成功的要素是隨機應變。有許多例子，如從傳統紡織轉為混紡，後又從混紡轉為冷氣管道和零組件，以及舉家遷移到新加坡並到鄰近國家開拓新市場。還有另一重要因素，亦即人際關係或人脈。他在紡織廠工作時得到以往同學和同事的幫忙，也受到老闆的賞識，讓他有機會轉移升遷。後來又得到日本友人的指引和協助，才能轉行到生產冷氣管道和零組件，並成功闖入日本市場。

從傳統的紡織轉為混紡技術，從技師轉為銷售業務員；從臺灣到新加坡及鄰近地區開拓市場，再從紡織轉為生產和銷售冷氣管道。仕達兄一生的事業發展可說是多采多姿。他要把他的歷練經驗傳給讀者，傳給年輕的一代，他建議年輕人，不管目前在工作，或將來想創業，都必須累積足夠的相關經驗，並充實自己的學識，多交朋友，拓展人脈，將來才有成功的機會。仕達兄把他五十多年在工作與創業的經驗和心得濃縮在本書裡，這是給年輕讀者借鏡學習的大好機會。

柯新治博士

前國會議員暨政務部長，曾任教於新加坡國立大學，亦曾任新加坡駐臺北商務辦事處代表、新加坡駐香港總領事

推薦序／

施至隆

鍾仕達先生是我最敬重的臺商先進之一。他熱誠、契而不捨，對海外僑社的投入與貢獻，都是我所敬佩與景仰的。

他的口述自傳所表述的，在我和他三十年來的追隨和交往中，有所耳聞目睹。有一段時間，我公司和他的公司相距不遠，我們經常相約在裕廊（Jurong）的一家日式餐廳一起午餐。大多數的時間都是天南地北，談談會務，說說政局，沒有特定的主題。但從中我個人受益匪淺，也對鍾先生前半生的「特殊事件」並不陌生。如同繪畫藝術，這些他和我雲淡風輕般的談話，像一幅幅素描，在記憶中只有單純的線條。直到透過一段段口述自傳的描寫，才真正增添了這段時光油彩的豐富和生動。

在當代的臺灣史，鍾先生經歷了最重要的幾段分水嶺。出生於二戰前的日治時代，接著一九四九年國民政府遷臺；六七十年代東亞經濟的全面發展。他的出生、教育和事業的發展恰恰和這段大歷史息息相關。讓我們可以清晰地看到，一位堅毅的臺灣客家族群，在傳統價值與現代教育的融合下，如何地從南臺灣的小鎮茁壯成長，到海外打拚，在新加坡、馬來西亞建立事業的版圖。不只服務海外臺灣社群，也奉獻本地的社區服務，促進臺、新之間各個層面的交流，真正允為臺灣人的表率。

值得一提的是，他從傳統的紡織業起家，經過轉型，成為現在家家戶戶，每棟大樓基本配備，冷氣焊條的供應廠；很值得在海外打拚的臺商後進學習參考。另外，一位他背後最重要的支柱——他的夫人張照蘭女士，也是在我們朋友圈最津津樂道的女性代表。她的大器和細膩，成就了三位優秀的子女和一個溫馨向上的家庭。

我個人在商會從新加坡臺北工商協會，經歷亞洲臺商總會，到擔任第二十六屆世界臺商總會的總會長，一路受鍾先生的提攜與照顧。出生於屏東的積善之家，他這份善的力量在新加坡發揚光大。他擁有完整的人生，作為朋友和後輩值得我們學習、珍惜和驕傲，而「得意事來，處之以淡」更是人生更高的境界。

特為誌。

施至隆

新加坡臺北工商協會名譽會長
亞洲臺灣商會聯合總會榮譽總會長
曾任第二十六屆世界臺灣商會聯合總會總會長，現為名譽總會長
前僑務委員，現為僑務咨詢委員
二〇二二年度政治大學傑出校友

推薦序／

李永得

大約二十年前（二〇〇四年），我任職行政院客家委員會的時候，最早認識的客家大老，是來自新加坡的鍾仕達。

全球客家大老很多，但鍾仕達很特別。他不但是海外白手創業成功的典範，而且是相當有聲望的企業家；更令人印象深刻的是，他那充滿客家情懷的熱忱。所有在海內外的客家場合，都可以看到他的身影，出錢出力，只問奉獻，不求任何回報。

再者，鍾仕達出身屏東縣萬巒鄉，跟我一樣同屬「六堆」客家，自然彼此之間更加親切，成為朋友。

已高齡九十一歲的鍾仕達，還是跟過去一樣，經常往返臺灣和新加坡，關心客家和臺商會的事情。今年（二〇二四）他帶來最大的驚喜是，終於同意將他傳奇的一生，口述整理成書。這本《鍾仕達——與世界拚搏的勇氣》由秀威資訊（釀出版）出版。他特別從新加坡打電話來，囑咐我幫這本書寫序；我實在愧不敢當，但因此可以先睹為快，則是深感榮幸。

西方有句名言：「要改變命運，只擁有才能是不夠的，還需要的是勇氣。」可以說是鍾仕達一生最佳寫照！

翻開本書的序言開始，我們就走進鍾仕達精彩又獨特的人生旅程。如同他所深愛的客家精神一樣，充滿堅韌、勤奮與拓荒無畏的力量。他自幼在客家村莊長大，在這片土地上，他吸取了無數的智慧與文化之根，這些都是他日後開創事業與做人處事成功的基石。鍾仕達在本書回憶生命旅程的敘事中，不經意地傳達了三個非常珍貴的人生價值。

一、學習。國際級的大創業家如比爾·蓋茲、張忠謀，都曾說過，他們之所以能夠有成績，最關鍵的是不斷地學習再學習。鍾仕達也非常明顯有這個特質。他就像是吸星大法師一樣，從出生開始就不斷地吸收周圍環境的養分。日後當學生、當員工、當海外留學生、當老師、當主管、當老闆，他記得最清楚的就是「從誰身上學到什麼」。他的一生，可說是用「學習」兩個字串聯起來的，這也是他能成功的關鍵因子之一。

二、感恩。在本書提到的「貴人」特別多，不管是曾經幫助過他的人，或是傷害過他的人，在他的回憶裡，都充滿了感恩。他不僅感恩家人、感恩員工、感恩老師、感恩同事，他也感恩社會。一個如此成功的企業家，將成績歸功於他人，堪稱「謙沖為懷」的典範。

三、奉獻。在海外打拚五十年，深深體會到海外鄉親團結的力量是很重要的。因此他在事業有成之後，出錢出力組織「新加坡臺灣客家同鄉聯誼會」，進一步成立「亞洲臺灣客家聯合總會」，都擔任創會總會長；另外，也跨出客家領域，曾擔任「亞洲臺灣商會聯合總會」總會長。積極參與社團活動，貢獻一生、凝聚鄉親力量相互扶持，至今仍深受後輩感念。

此外，鍾仕達也在回憶中提到二次生死關頭的劫難，一次是一九九一年的新航 SQ117 劫機事件，另一次是一九九五年日本東京地下鐵毒氣殺人事件。這兩件事情，一般人碰到其中一個，就已經夠嗆了，而他竟然兩個都親身碰到了，其經歷簡直就像電影情節那般驚心動魄。這是命運的安排嗎？

走完全部的旅程，深深體會到，這本書不僅僅是鍾仕達個人的人生故事，更是一部充滿智慧與啟示的生命之書。無論你是年輕的創業者，還是生命中遭遇短暫挫折、正在尋找出路的人，都能從本書找到靈感與力量，激發奮鬥的勇氣！

李永得

中央通訊社董事長

曾任行政院政務委員、文化部部長、客家委員會主任委員

推薦序／童振源

一口氣讀完了僑務諮詢委員鍾仕達先生與世界拚搏的精彩九十載，他的成功人生充分體現勤奮樸實、創新突破、堅韌卓絕、冒險犯難的臺灣客家人精神。在九十載的世界拚搏當中，他累積的圓融智慧與靈活判斷的能力，造就他成功的家庭與企業，同時回饋臺灣家鄉、新加坡社會與臺商社團，成就他的圓滿人生。相信每一個年輕人、創業家、企業家都可以從這本傳記獲益良多。

回憶起來，我認識鍾仕達委員才二年半，那是我在擔任僑委會委員長時的事情。當時我工作太忙，但鍾委員是新加坡最重要的僑領，只好邀請他到辦公室吃便當。當時直覺他是一位誠懇篤實又充滿熱情活力的臺商領袖，一經細問，才知道他當時已八十八歲，一般而言早已經是含飴弄孫、不問世事的退休耆老了，但他精力充沛、思慮清晰，完全看不出實際的年齡！

後來我們又見了兩次面，每次都聽他滔滔不絕講述臺商在新加坡發展的狀況。再向同仁詢問，才知道鍾委員自一九七一年移居新加坡後，一直在為當地僑界及臺商服務，至今已超過五十年，幾乎未曾一日間斷，無時不為海外臺商及僑胞請命，為促進臺灣國家經濟繁榮及社會進步為己念，令我感佩不已，也從此與這位「其為人也，發憤忘食，樂以忘憂，不知老之將至云爾」的商界前輩成為好友。

擔任僑委會委員長時，我到東南亞探望僑胞多次，然而卻無緣到新加坡與僑胞見面。因緣際會，二〇二三年五月我奉調來到新加坡擔任大使，有更多的機會認識鍾委員，才有機會深入了解他的個人奮鬥及傳奇事蹟。除了更加佩服外，也鼓勵鍾委員把這些人生經歷出書，因為他的奮鬥史，不單只是一個海外臺商與世界拚搏的故事，更是無數兢兢業業的臺灣人帶領臺灣從六十年代勞力密集產業帶動經濟起飛，到如今執掌世界半導體領導地位的最佳縮影。透過他的故事，我們看到了無數支撐臺灣經濟命脈的臺灣企業家孜孜不倦、無所畏懼的身影，而他們在面對各種困難及危險所展現的智慧、勇氣及毅力，更值得後輩年輕人效法學習，繼續為臺灣未來經濟前景打拚努力。

鍾委員出生於日治時期，他幼年目睹過戰爭時期的恐怖及貧困，躲避過美軍的空襲及轟炸，曾在宗祠裡讀過四書五經，也經歷過在臺灣光復後拋棄日文改學中文國語注音符號的歷史轉折。客家人耕讀傳家及克勤克儉的良好傳統，孕育了他深厚的文化涵養及堅忍個性。

他自臺北工專紡織工業科畢業後，於一九六二年進入勤益紡織服務，當時臺灣的紡織業就像今天的半導體業一樣，是最令人欽羨待遇優渥的金雞母工作，他的表現也深獲公司器重。但他不以此為滿足，不僅向公司申請留職停薪去日本東京工業大學學習紡織新知，他也樂於將所學與年輕一代分享，前往臺北工專及實踐家專兼課擔任混紡工程講師，廣獲學生好評，也升任公司總工程師。

本來他擔任總工程師備受公司重用，又在外面擔任講師，收入頗豐，本來可以穩定地過上安穩舒適的生活，但他卻毅然決定改跑業務，捲起袖子頂著烈日風雨全省跑透透去賣西裝布料，這樣的求新求變的轉換跑道可能不是一般人可以輕易下的決定，但他沒有猶豫，因為他相信只有親身了解市場需求才能學會做生意，有一天自己做老闆，擔負起公司營運管理的重擔，這也種下他來到異國新加坡創業的機緣。

一九七一年鍾委員告別老東家勤益紡織，帶著家人及幾隻皮箱來到新加坡，擔任與友人合資創業的聯星紡織廠及百星製衣廠的廠長，原本預期美好開展的事業卻因碰上石油危機陷入困難。但鍾委員臨危不亂，一方面藉由嚴格控管成本及保持足夠的周轉金穩定公司財務，另一方面刻苦耐勞、穩扎穩打，連續十五年沒有星期天休息，積極開發新市場，當起了空中飛人，除了東南亞各國外，一般別人不敢去或不想去的國家包括巴基斯坦、孟加拉、斯里蘭卡、尼泊爾、印度甚至阿富汗，都可以見到鍾委員馬不停蹄、汗流浹背的身影。面對各國語言及文化的障礙，他也毫不畏懼，依然就像當年那個全省跑透透的年輕推銷員，但把全世界當作臺灣的城鎮一樣來經營，秉持熱誠、誠懇、柔軟的身段及優良的產品，鍾委員一點一滴打造自己的事業王國。

但世界各國畢竟不是臺灣的城市或鄉鎮，有的國家充滿了政治不穩定及戰亂，旅途中驚險處處，鍾委員有多次與死亡擦身而過、九死一生，好像在拍電影。一九八四年他到阿富汗碰上政變，首都喀布爾陷入混亂，他只能一直待在旅館中，幾天後好不容易搶到機票後就直奔機場飛往巴基斯坦再轉回新加坡，僥倖逃生。

一九九一年三月二十六日他由馬來西亞搭乘新航 SQ117 班機返回新加坡，竟碰上在新加坡歷史上第一宗也是迄今唯一一次的重大劫機事件，劫匪要求新加坡轉告巴基斯坦政府釋放服刑中的巴基斯坦前總理布托的夫婿及人民黨黨員，也要求將飛機加滿油後飛往澳洲雪梨，並揚言倘不順從，將每隔五分鐘殺害一位新加坡人，而鍾委員排在第三位，他連遺書都已寫好。所幸星國特種部隊在縝密規劃後迅速行動，在三十秒內將四名劫匪全部擊斃，鍾委員也平安獲救，他當時寫的遺書現在仍被夫人好好保存在身邊，作為這次歷史事件的見證。

一九九五年三月二十日鍾委員在東京開會，本來想搭乘地鐵，結果到銀座地鐵站看見大批人群摀著口鼻往外衝，原來他碰上了奧姆真理教在東京地鐵施放沙林毒氣，這次恐攻事件造成十四人死亡，六千多人受傷，他若早幾分鐘進入地鐵，恐怕也會遇害。

上述三件事只是鍾委員在海外遭遇的比較嚴重的危險，其他包括遇上印尼排華事件，在尼泊爾及斯里蘭卡等國因衛生問題造成嚴重水土不服及疾病等問題，可謂不勝枚舉，但鍾仕達先生憑藉客家人及海外臺商的毅力及韌性，都一一平安渡過。他也因此更加惜福，並更加積極投入社團服務及社會公益，以期造福人群幫助更多有需要的人。

鍾委員於一九九一年與新加坡一群熱心的臺商一起創立了「新加坡臺北工商協會」，幫助旅居新加坡的臺商及僑胞安居樂業及拓展事業，如今協會已運作三十四年，是新加坡僑界最大也是最重要的社團組織，多年來對於促進臺星兩國交流、服務鄉親及協助政府凝聚僑心貢獻卓著。鍾委員不僅擔任協會的會長及名譽會長，也於二〇〇六年至二〇一一年期間擔任兩屆的僑務委員，二〇一二年起又獲聘為僑務諮詢委員，出錢出力，是新加坡僑界廣受敬重及肯定的意見領袖，深孚人望。

他也在一九九九年獲選為亞洲臺灣商會聯合總會總會長，進一步將對臺商的服務擴展至全亞洲，現在仍擔任亞總的名譽總會長及世界臺灣商會聯合總會諮詢委員，積極反映海外臺商對政府施政的建言，擔負臺商與政府之間的橋樑。

身為客家子弟，鍾委員不敢稍忘祖訓，多年來熱心海外客家事務，他在二〇〇五年創辦新加坡臺灣客家同鄉聯誼會，二〇一一年更將十個亞洲國家的臺灣客家社團聯合起來成立亞洲臺灣客家聯合總會，進一步凝聚全亞洲客家鄉親的情感，提升客家文化在國際舞臺的能見度。他因熱心客家文化的海外傳承，於二〇〇九年獲客委會頒贈「客家貢獻獎—海外推廣類傑出成就獎」，二〇二〇年再獲客委會頒贈「客家委員會三等客家事務專業獎章」，是全球客家事務的傑出意見領袖。

鍾委員也熱心公益，積極投入慈善事業，心懷臺灣，每當臺灣有天災事故時，包括二〇〇九年莫拉克颱風及後來幾次的震災，他都踴躍捐輸，從不落人後，也積極回饋地方，捐款予故鄉屏東萬巒鄉公所購買車輛，以提供老人家看診接送服務，也在母校萬巒國小設立清寒獎學金及捐款購置教學設備。

鍾委員長期對國家及僑社的服務也深獲政府肯定，除在二〇一二年獲僑委會頒贈「三等華光專業獎章」外，僑委會更在二〇二四年七月頒發「福爾摩沙僑務專業獎章」給他，以表彰他對國家及僑界的卓越貢獻。

鍾委員今年已九十歲，但就如他所說，他從來不去想自己現在幾歲，字典裡也從沒有「退休」這兩個字，至今仍自己開車上班及參加社團活動，不曾停歇腳步。面對鍾委員這樣一位胼手胝足為臺灣經濟打拚的臺商前輩、服務僑界及海外臺商超過半世紀的意見領袖、為客家事務勞心勞力的傑出客家子弟、慷慨捐輸的慈善家以及時刻心念臺灣的愛國僑領，我只能以聊聊的幾頁序文來表達我對他的崇敬及感佩。

相信閱讀這本書能帶給讀者許多樂趣及啟示，特別是對於準備擁抱世界勇敢出航的臺灣年輕人，鍾委員的成長奮鬥、面對問題的智慧、謙遜柔軟的處事身段以及無畏風浪與世界拚搏的勇氣，一定能夠給你們一些指引及激勵。

童振源

現任駐新加坡大使

曾任僑務委員會委員長、駐泰國大使、國家安全會議諮詢委員、國立政治大學國家發展研究所特聘教授。

美國約翰霍普金斯大學高級國際研究學院國際事務碩士與博士。

童振源委員長在僑委會宴請鍾仕達委員

童振源大使在官邸慶祝鍾仕達委員 90 大壽

自序

一九七一年十二月二十七日，距離年底只剩四天，我帶著太太和三位子女坐上往新加坡的飛機，揮別臺灣家人，懷著既忐忑又興奮的心情，來到他鄉異國開展事業。五十年過去了，我交出一張還算滿意的事業成績單，但對我來說，最大收穫是在奮鬥拚搏的過程中，我持續累積的圓融智慧和靈活判斷的能力，成為我實現夢想的最大資產。

一九六二年我進入紡織大廠「勤益」毛紡擔任技師，正趕上臺灣紡織業的黃金年代，許多當時赫赫有名的紡織界大人物與我的老闆顧興中交好，他們時常穿梭在顧織總辦公室，我從他們身上學到經營紡織廠的竅門，也揣摩到在生意場上的應對進退與人情世故，這些寶貴的經歷都是學校教科書上沒有教的，影響我至深。

時移事往，當年的紡織業巨頭們大都已不在人世，但我很慶幸自己曾和他們共事過，因為我親身經歷了那個屬於臺灣紡織業起飛的時期，我念的是紡織，教的是紡織，大半生的事業精華也是紡織，說它是我的最愛一點也不為過。

我常自嘲是停不下來的勞碌命，和我同齡的親友，大都選擇穩定的生活，他們一生中的生活範圍幾乎只在高雄、屏東移動，而我從小就喜歡往外跑，念書從屏東跑到臺北；即使到了臺北工作，又自告奮勇跑去當業務推銷員，帶著兩位公司業務小姐，三個人從南到北、到東到西，整整環繞臺灣兩圈；進修深造飛到日本東京；海外創業則前往新加坡。

原以為到新加坡可以暫時停止這種到處跑的動態人生，沒想到，為了拓展業務開發市場，大半個亞洲，印度、尼泊爾、巴基斯坦、中國大陸、阿富汗、菲律賓、泰國、印尼、馬來西亞都留下我的足跡。也就是這樣的驛動奔波，我經歷數次九死一生關頭，劫機、毒氣殺人、政變、排華運動等，每次的歷劫歸來，我的人生體驗又更豐富，不因遇到困難而停下腳步，我相信「大難不死，必有後福」，這也許是老天爺給我這生的使命與任務，讓我必須去做更多的事，幫助更多的人。

能在新加坡定居創業，實現我人生的夢想，讓兒女在此受到良好教育，我感到非常幸運。新加坡的政治安定，社會治安良好，雙語教育成功，金融體制健全，航運交通四通八達，法治精神在國際上名列前茅，是一個有效率且清廉的政府。新冠疫情期間，更證明了政府的能力，將人民的衣食住行都照顧好，成為全世界最令人嚮往和羨慕的國家，人民生活在這裡實在是很幸福的一件事。

這輩子我最要感謝的人，也是相伴我一生的牽手張照蘭女士，她是一位溫婉賢淑、相夫教子的模範母親。岳父張克定先生是當時屏東新埤鄉的大地主，也是一九七〇年代臺灣田徑短跑一百公尺和兩百公尺的紀錄保持人。早年留學日本法政大學，回臺後，一直在屏東糖廠會計部門服務，為人嚴謹而正直。內人因而在嚴格的家庭教育環境中成長。結婚後，除了悉心照顧我之外，也負起三位兒女的學校教育和生活起居，讓我無後顧之憂在外打拚事業，她用以身作則的家教，教養出孝順的子女，是位難得的賢妻良母。

近幾年，我依然為了社團事務，平均每一個半月往返一次臺灣和新加坡，很多人知道我的年紀還依然風塵僕僕東奔西跑，忍不住好奇：「你都不會累嗎？怎麼不退休在家？」我的觀念裡，不只要活到老學到老，更要活到老動到老，能自由自在到處走，代表我身體健康；還能進公司去走走看看，和員工講講話，代表腦筋清楚，人到了一定年紀後，財富多少不重要，但有一個健康的身體和清楚的腦子，是比錢財更寶貴的東西。

年齡從來不是我的考量，也不去思考現在幾歲，字典裡更沒有「退休」兩個字。我只知道可以自己開車去工廠巡查，還能做自己喜歡的運動，每天如常吃完早餐就去上班，定期參加社團活動。我感恩老天賜予這一切，成就我的圓滿人生。

目次

Contents

第二章　紡織・臺灣

第三章　創業・異鄉

第四章　處世・智慧

家族記憶

1962 年，鍾仕達與張照蘭在臺北完婚；由省立屏東醫院院長劉紹興博士證婚，鍾壬壽為介紹人。

1963 年與紡織科同學遊烏來（後排左起：劉文哲、陳遠和、張粵芳）。

1964 赴日深造，在臺北松山機場與妻兒合影。

1968 年，服務勤益毛紡廠時與妻子及三個孩子（長子鍾招敬、女鍾妙君、次子鍾招志）合影。

1971 年，赴新加坡就新職，與孩子們合影。

1978 年，返臺灣萬巒老家，參加父親 81 歲生日。

1979 年，母親第一次搭機來新加坡，搭聖淘沙纜車。

1986 年，已 86 歲的母親第二次來新加坡小住，大哥士文同行。

1990 年，兄弟姊妹九位到齊，為母親慶祝 90 大壽。

鍾妙君奧勒岡大學畢業（University of Oregon）

1992 年鍾招志密西根大學畢業（Michigan University）

1994 年鍾招敬杜克大學商學院碩士畢業（Duke University）

1995 年鍾招志與陳月君在新加坡結婚

1988 年鍾招敬與曾柔曼在美國北卡結婚

1995 年長孫女鍾思源在美國出世

1998 年鍾思惟（Lilian）在美國出世

1997 年鍾思敏（Michele）在新加坡出世

1999 年鍾思洋（Andrew）在新加坡出世

2011 年 12 月，在上海次子招志家聚會。

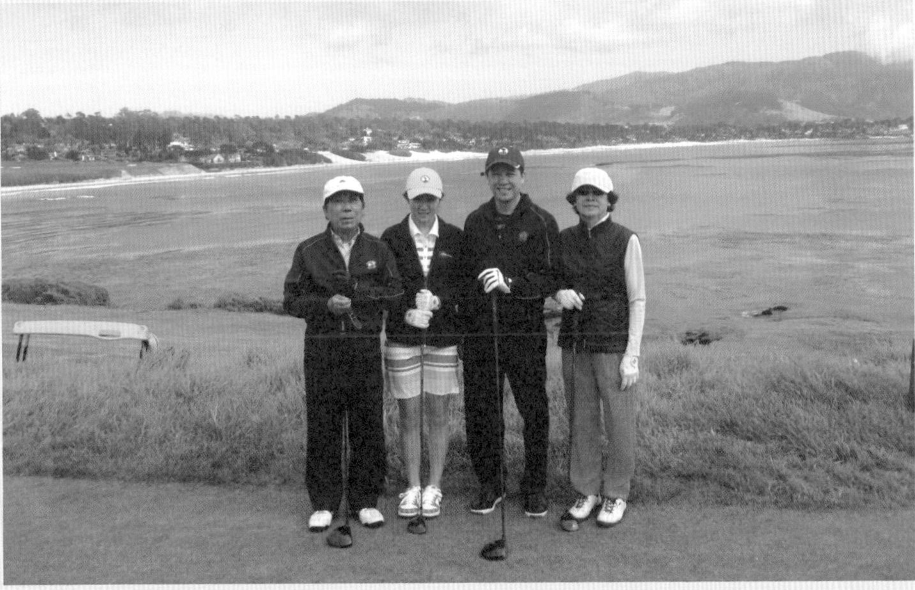

2012 年，赴美國有名的高爾夫球場 Pebble Beach, Spanish Bay Resorts 打球留念，長子鍾招敬及孫女鍾思惟一起同行。

2013 年，子女回來新加坡歡聚。

2017 年 12 月 31 日元旦除夕聚餐。

2021 年，長孫女鍾思源及林奕夫結婚。

2023 年 9 月 23 日鍾仕達 90 歲壽宴，在臺北 W Hotel 全家合照。

志同道合

新加坡臺北工商協會

1991 年 12 月 4 日，新加坡臺北工商協會成立大會，共有 9 位創始理事，包含陳毓駒大使、陳子忠會長及鍾仕達（五位副會長之一）（右一）。

1994年，鍾仕達擔任新加坡臺北工商協會副會長，主辦全國小學生華語講故事比賽。

1996 年 9 月由邱進益大使引薦，邀請諾貝爾獎得主李遠哲教授蒞星，於 Orchard Hotel 專題演講，全場座無虛席。

亞洲臺灣商會聯合總會

1999 年 7 月，鍾仕達代表新加坡臺北工商協會，接任第七屆亞洲臺灣商會聯合總會總會長，於臺北來來大飯店舉辦交接典禮，僑委會委員長焦仁和出席。

1999 年 7 月，鍾仕達接任亞洲臺灣商會聯合總會第七屆總會長，即率團至總統府晉見李登輝總統。

1999 年 7 月，前銓敘部部長邱進益贈送紀念品，並舉行盛大的歡迎晚宴。成為後來的華新聯誼會，每年 7 月會在臺北亞總開會前聚會。

1999 年華新聯誼會由邱部長創始，共六十位新加坡臺商參與。同年，由邱部長率領華新聯誼會成員，歡迎亞總代表團於臺北大三元酒樓聯誼晚宴合影。

1999 年 11 月，在新加玻 The Ritz-Carlton Hotel 舉辦亞洲臺灣商會聯合總會第二次監理事會議，邀請新加坡貿工部政務部長林瑞生蒞會演講。

立法院饒穎奇副院長蒞臨大會致詞。

贈送紀念品感謝嚴長壽總裁專題演講。

2000 年 7 月，將亞洲臺灣商會聯合總會第八屆總會長交接給呂春霖，由僑委會張富美委員長交接典禮。

2001 年在美國開會時，與蔡英文及張富美合照。

2000 年，與世界臺灣商會聯合總會幹部呂憲治於鴻禧山莊拜會李登輝總統。

2023 年，在臺北圓山飯店參加亞洲臺灣商會聯合總會 30 週年慶。

新加坡臺灣客家同鄉聯誼會及亞洲臺灣客家聯合總會

2005 年 11 月 11 日，新加坡臺灣客家同鄉聯誼會成立，由胡為真大使見證。

2011 年 11 月 14 日，在臺北成立亞洲臺灣客家聯合總會。共有 10 個國家地區參加。由客委會主委黃玉振（左六）見證，鍾仕達為創會總會長。

亞洲臺灣客家聯合總會成立大會，由黃玉振主委頒授印信。

客家委員會「客家貢獻獎」

2009 年，榮獲行政院客委會客家貢獻獎「傑出成就獎」，與得獎人合照。

鍾仕達榮獲客委會海外客家貢獻獎，攝於海報前。

僑務委員會「福爾摩沙僑務專業獎章」

2024 年 7 月 17 日，榮獲僑務委員會「福爾摩沙僑務專業獎章」，僑委會徐佳青委員長親自頒贈獎章給鍾仕達。

鍾仕達與僑委會長官合照，左起呂元榮副委員長、徐佳青委員長、鍾仕達、阮昭雄副委員長、張良民主祕。

新加坡工商協會呂玉靜會長代表向鍾仕達獻花。

親屬代表姪女鍾芳君與邱俊棠夫婦獻花給鍾仕達。

參加觀禮的新加坡臺北工商協會幹部與徐委員長合照留念。

2011 年中華民國建國 100 週年「百齡薪傳聖火」

2011 年中華民國建國 100 週年，簡稱精彩 100（僑委會主辦）。張嘉升會長、陳舒琴副會長一同去夏威夷檀香山（國父鼓吹革命發源地）領取聖火。

由鍾仕達、張嘉升二位送回聖火，史亞平大使率領僑界，親自到新加坡機場迎接「百齡薪傳聖火」。

鍾仕達委員、張嘉升會長親自將聖火遞交史亞平大使。

2011 年 10 月 10 日，鍾仕達、陳舒琴在臺北國父紀念館與各國代表會師。

漢德焊條公司（Saitama）

2013 年，漢德焊條公司（Saitama）20 週年廠慶，與工廠員工及幹部合影。

2023 年，漢德焊條公司（Saitama）30 週年廠慶，與工廠員工及幹部合影。

體育活動（花拉網球隊與木球協會）

2001 年花拉網球隊在臺北與住臺北球友球敘（陳相而等主辦）。

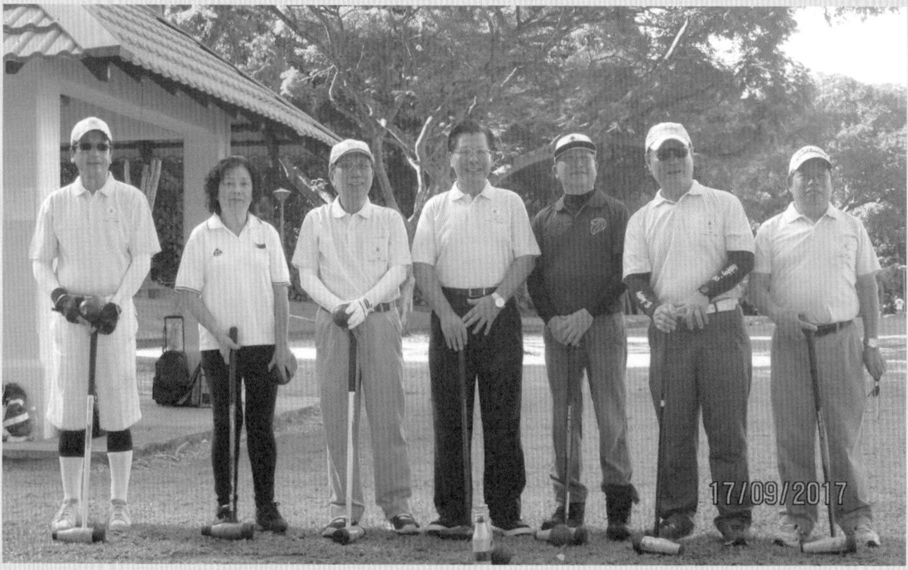

2017 年木球協會 Clementi Wood Park 與鍾天祥會長及梁國新大使（左四）（臺北工商協會木球隊於 2012 年成立）。

2018 年，參加臺商國慶盃木球賽（梁國新大使、鍾天祥會長）。

國慶盃木球賽開球儀式。

華新合唱協會及華新合唱團

2001 年成立華新合唱協會，同一年組團返台參加全球僑界合唱觀摩賽，於北投華僑會館合影。

2015年，華新合唱團在新加坡維多利亞音樂廳開演唱會。由黃循財代部長擔任主賓，王雅蕙擔任總指揮，林俐瑩老師為音樂總監，鍾仕達總策劃。

華新合唱團與黃循財代部長合影（維多利亞音樂廳）。

2018 年客家委員會海外客語合唱觀摩賽獲優等獎，合體團員與客委會主委李永得（左 7）合影。

與各界名人的邀約與往來

2006 年，邀請國科會主委陳建仁博士蒞星專題演講。

2006 年，臺北市長馬英九訪問新加坡，兩人於香格里拉飯店共進早餐。

2009 年，鍾仕達擔任僑務委員時與馬英九總統合影留念。

2009 年，邀請詩人余光中教授蒞星演講。鍾仕達、陳舒琴陪同，分享美食肉骨茶。

與余光中先生的友誼長存。

2011 年，與海基會董事長江丙坤，高爾夫球球敘於 Raffles Country Club（RCC）。

2017 年，與考試委員吳新興博士（前僑務委員會委員長）合影。

2017 年，新加坡臺北工商協會邀請神探李昌鈺博士與臺商餐聚。

2005 年 12 月 17 日，蔡英文立法委員應邀到新加坡公開專題演講。

2016 年，蔡英文總統在總統府接見鍾仕達夫婦。

2017 年，蔡英文總統在官邸宴請鍾仕達及吳仁春夫婦。

2020 年疫情期間，蔡英文總統於官邸接見鍾仕達，並贈送殺菌消毒瓶和口罩。

2023 年 6 月，蔡總統官邸接見，心情愉快，抱了最喜歡的寵貓 Cookie 合影。

2020 年拜會僑委會委員長童振源博士，送國慶慶典禮品（包括草帽）。

2023 年 11 月拜會僑委會徐佳青委員長並茶敘。

2023 年 90 歲壽宴

2023 年 10 月 7 日，鍾仕達生日當天承蒙童振源大使伉儷、吳文齡公使伉儷，在官邸設宴簡單隆重的慶生會。

2023 年 9 月，鍾仕達 90 歲生日宴，在臺北 W Hotel 舉辦。前部長邱進益大使、前國安會祕書長胡為真大使與新加坡臺商幹部合照。

2023 年 9 月 23 日，鍾仕達 90 歲生日宴，僑委會徐佳青委員長及客委會楊長鎮主委，百忙中撥冗來為我致賀辭、合影。

第一章

生長・家庭

一、父母給我一輩子受用不盡的家訓

一九三三年我出生於屏東縣的萬巒鄉，此時臺灣還是日治時期，也是世界經濟大蕭條最嚴重的一年，在這年出生的我，似乎也預告了童年生活的貧困與匱乏。只要和我同個時代出生的人，回憶起那段時光，記憶裡最常出現的就是吃不飽、躲空襲警報和很凶的日本警察。儘管物質生活不寬裕，但我的父母依然堅持要子女受教育，沒有像其他父母早早就要子女出去做工賺錢，改善家境，日後我受到不錯的教育，累積出外闖蕩的本事，第一個要感謝的就是我的父母。

空襲躲警報　成為每天日常

我出生的萬巒小鎮是個淳樸的南臺灣小鄉鎮，居民有四成是客家人，鍾姓在屏東是客家大姓，我的祖先是來自廣東嘉應州（今梅州）蕉嶺縣，到我是第五代。廣東的蕉嶺客家人大部分在清朝康熙以後來到高屏地區開墾，範圍大約在今天的荖濃溪到林邊溪一帶，這個地區又有個別名叫「六堆」，由來是因為在清朝康熙時朱一貴事變，我們這些地區客家莊組成一個自衛保家團體，萬巒是先鋒堆、中堆是竹田、右堆是美濃、高樹、左堆為佳冬、新埤、前堆是麟洛、長治、後堆是內埔，統稱為「六堆」。

我出生的時代正值日治時期，臺灣鄉下農家普遍是貧窮的，尤其我家裡有九個子女，五男四女，我排行第五，食指浩繁，要養活這麼多小孩，著實不容易。我父親在務農之外，也開始做起磚瓦小生意，補貼生活開銷，從我有記憶以來，只要是農忙時節或是父親要趕工交貨，家裡兄弟姐妹都會一起幫忙。

童年印象最深的就是躲警報。那時臺灣還沒光復，美軍每天從南部轟炸高雄港，把油庫都炸掉了，死傷慘重，歷史稱為「高雄大空襲」，我在屏東都可以看到高雄那邊的煙霧升起。躲防空洞是我小時候的日常，警報一響，防空洞蓋子就掀起來，趕快躲進去。有一次我跟哥哥去釣青蛙，附近有個大橋，美軍看到要準備用機關槍掃射，我剛好在大橋附近的一條水溝，看到飛機要掃過來，我們趕快躲起來。非常危險！因為有時候飛機還會調過頭來要再掃射，所以我從小就學會隨機應變，在那個時代，如果不機伶一點，可能就會沒命，我們村莊附近的一個太太就是因為躲避不及被射殺。

「耕讀傳家」傳統　父母重視子女教育文化

戰爭時期，物質是非常貧乏的，分配的白米只能煮成稀飯，供一大家子吃，白米飯對我們來說是奢侈的，有時米快吃完了，配給還沒下來，就只能吃樹豆拌飯[1]。樹豆就是一種圓圓的長在樹上的豆子，家裡沒有其他食物，只能連續兩天都只配樹豆吃，把它煮熟後軟化後，配著鹹菜下咽，勉強充饑，老百姓生活真的很辛苦。那時已快到二次大戰末期，整個臺灣幾乎都是在躲空襲，沒有生產，更沒有工商活動，全部都是軍隊戒嚴管理，生活中也沒有值得開心的事，大家日子過得很壓抑，小孩子也跟著感染家裡大人的壓力，所以回想起我的童年時光，是苦多於樂，值得開心的事很少。

說來諷刺，我家有自己田地，還請佃農來種稻米，可是所種稻米都要上繳給日本政府，剩下才能發給老百姓，有的人會偷偷把米藏個一兩袋起來，被發現的話，會被送到日本警察局遭受刑罰，對老百姓起到嚇阻作用，沒人敢再偷藏白米。

1　樹豆：樹豆為豆科樹豆屬木本植物，可採豆來食用，故有樹豆、木豆之名，富含蛋白質和鋅，有「豆中之王」的稱號，主要產地為花蓮、臺東一帶，因此也被原住民作為主食。

儘管家裡不寬裕，但是客家人有一個很好的「耕讀傳家」傳統，那就是崇尚文化與重視教育，只要小孩可以念書，父母長輩都會儘力栽培子女念到高等教育。我父親會花錢請懂漢學的老先生，每天來鍾氏宗祠教小孩一兩個小時漢文、漢字，背誦四書五經。我還記得背「人之初、性本善……」，下課前要第一課背到第六課，沒有背完不能下課，我跟著老師強背硬記，倒也記下不少漢文，認識一些漢字，這應該算是我的啟蒙教育。

小時候天天躲警報，書根本沒辦法好好念，加上日治時期學校被軍隊佔用，不能在教室上課，只能躲在廟宇上課，所以我念小學時，上課就是在混時間，混到中午就回家。到小學畢業，什麼書都沒有念到。後來光復後，國民政府來臺接收，開始要學注音符號，很多老師只會教日文也不會注音，所以我的注音是到潮州念國中後才開始重新學。

父親很注重子女教育。因為我從小念書成績還不錯，所以一路考上潮州高中再到臺北工專。不只是我，我的兄弟姐妹同樣也一路念到不錯的學歷，後來都有不錯的工作。像我的大哥鍾士文考上屏東高農，在日治時期就考上普考公職。我大哥因能力強，性格耿直勤勞，被推薦去擔任臺灣首任糧食局局長李連春的助理，李局長因增產計畫，解決一九四九年國民政府糧食危機，糧食局局長一做就是二十四年，我大哥也跟著他一路做到退休。二哥鍾仕明也是屏東高農畢業，後來進入南州糖廠會計課服務，做到課長退休，弟弟鍾仕全就讀花蓮師專到教育界服務，從萬巒國小主任退休。

雖然我大哥和二哥天資聰穎會念書，但生長在日治時期的殖民教育政策，臺灣人只能念師範學校和農工方面的職業學校，以便於管理和發展實業，所以只能念高農，我想憑他們的天分，如果再晚生個三十年，念到碩博士都沒有問題。

客家宗族力量影響世世代代　約束規範子弟

在客家村莊，宗族的力量是影響一個家族興衰成長的重要精神支柱，也是維繫各親戚情感交流的臍帶。我所有的鍾姓親戚都住在同個村莊像個大家庭，每個家族都會有一個宗祠，祠堂就是這個家族的精神中心。我們鍾氏宗祠全部都是鍾家人住在一起，周圍加起來有一二十戶，有上百人之多，這些長輩不是叔叔就是伯伯，因為有了宗族的約束和規範，所以下一代的子孫都不太會學壞，一旦超出規範，家族裡的叔伯就會出面管教，等於除了父母外，還有很多長輩可以管教小孩，自然就會起到教育和約束的作用。

人多，每到過年過節會非常熱鬧，親戚都會聚在一起，有非常濃厚的中國文化傳統在裡面，和都市疏離的人際關係是非常不同的，而且親戚間一家有事就是整個家族的大事，各家都會出面幫忙，也許從小生長在這樣的大家庭，無形中也養成我熱心助人的性格，即使到了國外仍不忘組織社團辦活動做公益。

從我兄長從事的職業可以看出早期客家人會去從商做生意的很少，大都是以公教人員居多，除了客家人觀念較保守傳統外，長輩會覺得公教人員有薪資保障，雖然有時候影響了客家子弟下一代的前途，尤其農業社會轉成工商社會以後，你沒有跟上這個趨勢，子孫還停留在傳統客家人思維，認為去當公務員和老師最好，不怕失業，不怕裁員，又有退休金保障，求的是一個穩定的生活，所以很少有客家子弟想去發展工商業，企業界也很少客家人，像我這樣敢去國外打拚的客家子弟真的很少，我想這也和我的好動、好交朋友的性格有關。

我認為客家精神是非常美好優秀的，具有中國傳統文化的美德，發揮的舞臺可以更大更廣，而不是只侷限在臺灣，所以我在二〇一一年成立「亞洲臺灣客家聯合總會」，藉著這個平臺，把新加坡、香港、泰國、印尼、越南、馬來西亞、日本、菲律賓、汶萊及柬埔寨這十多個國家地區的臺灣客家鄉親集結成一股力量，創造更大效益，讓世界看見客家精神與文化的優秀。我希望客家後代子弟更多投入企業界，畢竟企業界接觸面較廣泛，對培養視野開闊的國際觀有很大幫助。

雙親待人寬厚體恤　影響子女至今

父母都是典型客家人，有著客家務實和樸實的性格，他們從我小時候就不停告訴我們兄弟姐妹要奉侍祖先、盡孝道，兄弟之間要和睦，要守望相助，尤其金錢要算清楚，不佔人便宜。我父親常說，你一輩子吃不窮，穿也穿不窮，會窮就是嫖和賭，千萬不能去沾染這個惡習，因為嫖賭會傾家蕩產。

父親心地善良，慷慨大方，他一直認為有能力幫助需要的人，不但是累積福報，也讓自己內心快樂。從我有記憶以來，只要鄉里要修橋鋪路，他口袋裡面有多少錢就捐多少，一點都不小氣。父親認為只要是對大家好的事情，一定是出錢又出力，自己捐款不說，還熱心四處去募款，特別是修橋鋪路或是修築廟宇，例如萬巒天靈宮就是由父親捐獻創立而成。看到別人走路來做修廟或是鋪路，滿身大汗，父親還會特別掏出錢給對方當走路工，他認為人家來幫忙做事，給一點酬勞是對別人的尊重。

父母不只與人為善，他們影響我最深的就是對待陌生人那份體貼與溫暖，他們相信有時一個不經意的小動作與語言，都能讓人倍感窩心，長久記在心裡，尤其是出外人在外打拚，更需要這種關懷。

屏東的東港和林邊因為靠海，盛產海鮮，所以常會有這兩個地方的小販大老遠騎著腳踏車載著漁貨到萬巒來販賣，時間一長，大家也互相熟識，成為朋友。記得我小時候有一次看到，那個常來的小販騎腳踏車一經過我家門口，父母很熱情招呼他進屋，馬上泡一杯茶端到他面前。那時年紀小還不解為什麼爸媽付錢買魚給他賺錢，還把他當客人招待。父親告訴我：「人家騎那麼遠的車來這裡賣魚，我們不用跑到東港就可以吃到新鮮的魚，而且現在天氣冷，給他一杯熱茶，是做人的基本禮貌！」

父母這種不管什麼人來家裡，馬上奉茶的習慣，著實影響我很深。到現在我依舊例行這個習慣，公司有任何來客上門，不管是推銷員或是客戶來，我都會吩咐職員一定要端上一杯水給人家喝，幾十年都沒改變。

我覺得這是一個很好的傳統，外面的人進來一定口渴，你端上一杯水給對方，一方面是敬意，表示來者為客，也代表是對人的尊重，中國人的奉茶實在是很高深的學問，除了有濃厚的人情味，也代表對客人的體恤和尊重，全都化為一杯小小的茶。

父親教誨 一生受用無窮

我父親一生行事謹慎，他也希望子女要小心行事，像是交朋友要小心，不要隨便跟人家借錢，也不要隨便去拿人家東西。我當兵的時候分到屏東鄉下，那時候我當少尉代理輔導長，剛好軍隊派到南部演習，當時老百姓對軍人還有很深的戒備，像我們軍隊還沒到，村民就全部把門關起來，非常畏懼軍人。所以我很快宣布，不准軍人進老百姓的家門口，更不能拿他們的東西，如果要拿他們的東西必須用買的；竹子也不要亂砍，要搭棚子砍竹子，就要付錢，看他要多少錢就給他多少錢。因為我的嚴格管理，不到三天，村民都很尊敬我們，這就是互相尊重的成果。

很多人都說客家人很節儉，甚至是小氣，我承認這是客家人的優點也是缺點，我父親常說當省則省，該用則用，不要省到被人家講小氣鬼。像我父親平日很節儉，有錢就存起來，給兒女做教育費用。我在客家家庭長大，自然也養成平日節儉的習慣，傳承了客家勤儉樸實的精神。我不重視吃也不重視穿，我認為人一天就是三頓飯，衣服幾件替換即可，所以吃穿都不會把人變窮，只有嫖賭這是無底洞。這是我父親傳承下來給我們子女的教誨，也讓我不管走到世界哪個地方，都是受用無窮的道理。

二、我和我的同學們

屏東萬巒是典型的客家莊，客家村莊整個環境和風氣，是比較保守封閉的。這裡長大的客家子弟，很少會到外地發展，我的生活圈子只在萬巒小鄉鎮裡打轉，不要說到高雄，連屏東市我都沒有踏足過。一直到一九四九年，我去了屏東潮州念高中後，接觸到來自不同地方的同學和影響我一生的恩師，眼界才逐漸打開，甚至後來到臺北念書，同學來自不同地方、不同家庭，我的視野有了不一樣的風景。

從一九四九年到一九五八年這近十年間，無疑是我人生最重要的階段，我一方面接受專業教育，為日後的紡織事業打下基礎；另方面同學和師長打開我的世界，成為我最重要的人生資產。

結交好友　至今掛念未還五十元

儘管在潮州國中念書時成績還算不錯，師長都看好我應該可以考上第一志願屏東高中，但是那時年紀小愛偷懶，覺得可以直升就好，不想離家太遠跑到屏東市去念書，剛好一九四九年潮州中學增設高中部，我順利直升進去。一來潮州鎮是屏東第二大行政區，是僅次於屏東市的熱鬧大鎮，再來潮州離萬巒只有四公里，我不用花太多時間在交通路途上，因此，我成了潮州高中第一屆學生。

和萬巒大部分是客家人不同，潮州鎮人口以閩南人居多，加上潮州原有的大陳島和一江山眷村、空軍眷村，所以我的同學組成就變得多元起來，其中有位同學叫梁明銳，我和他特別要好。

他的父親是空軍，梁明銳是標準的空軍子弟，個性非常爽朗大方，他高中畢業去念空軍航空技術學校，我則是北上去念臺北工專。兩人剛開始還有聯絡，有一次我要和同學去阿里山旅行，但身上錢不夠，我還向他開口借五十元新臺幣。一九五六年的五十元不算一筆小錢，他馬上二話不說就借給我，但後來他需要下單位去服役，調去嘉義基地後，兩人失去聯絡，那五十元到現在一直沒有機會還他，出社會後一直想找他都打聽不到他的消息，這個事情在我心裡放了近七十年；如果可以找到他，我要一百倍還給他，以感謝他在我最需要金錢援助時，對我的慷慨解囊。

高中恩師常香圻　奠定數學基礎

除了交到好朋友，高中時期一位數學老師常香圻可說是影響我一生至深的恩師。

常老師來潮州高中教數學時，還在高雄左營的海軍官校當教官，三十多歲的年紀；他是福建閩侯人，福建馬尾海軍學校（前身為福建船政學堂）航海班第五屆畢業。這所海軍學校是中國第一間海軍學校，以現代化和科學化的教育培養無數海軍優秀人才；他的叔父常朝干也是從這所學校畢業，曾官拜海軍少將，常老師可說是標準的海軍世家。

常老師曾經到英國皇家海軍學院留學，學養俱佳，人長得體面，他當時為了兼差賺錢，一星期有三天從高雄搭車來屏東潮州教課。他教學認真，擅長用啟發式教學引導學生興趣去喜歡數學；也因為常老師的教導，讓我喜歡數學，得到不錯的成績，所以後來才選擇念工科。

常老師在課堂上常會告訴學生，數學對人生很重要，它不是只有單純計算，還有很多思考的定理。他說國文、英文要考一百分不容易，說可以拿滿分都是騙人的，因為文章好壞，評分老師見仁見智；能夠考一百分的只有數學，因為一加一等於二的答案就在那裡，只要認真算數學，寫對答案，它給你的回饋最多。

優秀的常老師在仕途上同樣平步青雲，他一路從海軍官校的教官高升到三軍參謀大學的教育長、聯合國安理會代表、海軍海道測量局少將局長，官拜中將退役。我在畢業後還曾去探望常老師，當時他已是不小的官，但看到昔日學生來訪非常開心，細心詢問我的學習狀況。

我忍不住回想，如果高中沒有遇到像常老師這樣的好老師，啟蒙我對數學的興趣，也許人生際遇會完全不一樣的發展。我慶幸可以在求學時期遇到一位影響人生的恩師，才有後面的紡織事業，甚至到新加坡發展。所以人生有時很像在推骨牌，只要一張不同倒向的牌就會產生意想不到的結局。

苦練閩南語　適應臺北求學生活

一九五六年我參加大學聯考，原本對考試很有把握的我，前一晚緊張到無法闔眼睡覺，早上迷迷糊糊出門，竟然忘記帶體檢的證件；當時考大學還要拿這張體檢證和准考證才能進去考試，我嚇到趕快請家人送過來。但也因為這件事，嚴重影響我考試的情緒，結果最有把握的數學考差了，以致無法去念我的第一志願臺大機械系，而原本和我成績差不多的高中同學楊賢桂考運卻很好，上了臺大電機系，後來還到美國留學，成為著名的專家，我想這一切都是命吧！

臺大機械上不了，我認命去念第二志願，當時的省立臺北工專紡織科。會選擇這所學校和紡織科系，是因為有個與我交情不錯的親戚比我早一年進去就讀，聽他說畢業找工作容易，加上公立學校學費也便宜，我就進去念了。我是紡織科第四屆，當時班上有二十二位同學。

我是屏東萬巒鄉下的小孩，上臺北念書之前，沒有去過高雄，臺北倒是和高中同學去過一次。只記得從潮州搭火車到臺北，從白天坐到晚上，整整要一天時間。

從萬巒到臺北念書，對我第一個震撼教育就是語言問題。

我是客家人，在家裡講客家話，到學校就是講國語，閩南語根本不會聽也不會講，而要在臺北生活念書，不會講臺語是不行的。為了儘快融入臺北生活，我只好拚命學講閩南語，硬著頭皮向臺北同學學習。

同學非富即貴　大開眼界

第二個震撼就是我那些富貴多金的同學們。

屏東潮州的高中同學組成大都是當地農家、商家子弟或是空軍眷村小孩，當時大家都窮，很少有家境富裕的同學。但是來到臺北後，讓我大開眼界，因為當時會去念紡織科系的學生，有大半家裡就從事這一行，開紡織廠的，自然氣質和派頭就和我這種南部上來的土學生差很多。

我還記得我有位同學叫石爾鐸，他是號稱「西北紡織大王」石鳳翔的姪子。石鳳翔來臺灣後創辦「大秦」紡織廠和中國人造纖維公司，是當時臺灣紡織界響叮噹的大人物。石鳳翔的女兒石靜宜後來嫁給蔣緯國，成為蔣家姻親。而我的同學石爾鐸後來娶了彰化望族林伯奏的女兒林文花，林文花還是連戰的表姐；後來他跑到美國去做紡織，但聽說沒有做成功。

當時我念的第四屆紡織科有二十二位同學，女同學有三位，大家都相處得非常融洽，我們男同學也不會把她們當女生看。其中一位顏芬華是基隆媒礦大王顏家的後代，雖然貴為千金小姐，但身上沒有驕氣，性格平易近人，臉上總是掛著微笑。顏芬華沒有像其他同學那樣走上紡織業，她畢業後到美國史丹佛大學念書並且與同樣來自臺灣的留學生結婚生子，在美國落地生根，過著幸福美滿的日子。

相交七十年好友　成功西進中國設廠

另一位和我最要好的同學叫陳遠和，他應該是我們班做紡織做得最有聲有色的。他家開建設公司，家境非常優渥，他畢業後進入紡織公司工作，做到一定年資就自己出來開毛紡廠。在三十多年前中國大陸改革開放時，他到對岸去設廠，算是第一批西進紡織業的臺商，上海、江蘇都有廠。在他的鼓吹下，我也差點去設廠投資。

畢業時我和陳遠和曾一起去新莊「信華」毛紡公司應徵，「信華」在當時也是一家日系毛紡大廠，主任就是臺北工專的學長，他說：「鍾仕達、陳遠和你們兩個人來應徵，但我只能招一個人，你們兩個人自己決定！」我聽完就對他說：「我從屏東來，不管到哪裡做事情都是要離開家。你是新莊人，這工廠在新莊，騎腳踏車就可以上班，你來做好了！」第二個禮拜陳遠和就去上班了。

後來我先回屏東老家，家人看我回來，一度很擔心我會找不到工作，結果不到一星期，陳遠和寫了快信告訴我「勤益」毛紡廠要招技術人員，要紡織科系的，且一定要工專畢業，叫我趕快去應徵。陳遠和的熱心讓我非常感動，因為這件事我和他成為相交七十年的好朋友。我很相信人與人之間的緣分，有緣，合得來，才能維持長長久久的友情。

恩師一句話　埋下日後開紡織廠種子

除了同學帶給我求學生活的豐富，我在工專也遇到兩位人生貴人。

第一位是我的學長賴銈平，他讀書成績非常優秀，畢業後到日本東京工業大學紡織系深造，一路念到博士畢業；回臺後被母校延攬，從副教授、教授做到紡織科主任，是當時臺灣唯一的紡織專業博士。就是因為他當了主任才會找我回母校當講師，串起我倆的緣分。

賴銈平性格溫和，非常好學，他是日治時期臺灣五大家族之一的霧峰林家後人。我曾去過他霧峰的老家和陽明山的住所，都非常漂亮。他命好，生在那種家庭，很可惜的是他六十多歲就過世，讓臺灣紡織教育界失去一位人才。

另一位是趙星藝老師。趙老師是江蘇南通學院的紡織科畢業，曾被政府派到美國紡織公司學習最新的技術；來臺後他在臺北工專教書並為政府訓練人才，被譽為「臺灣紡織教育的奠基人」，學養深厚。每次上課他都會準備非常扎實的上課教材，為我日後的紡織專業技術打下良好基礎。

記得有一次和趙老師談話時，他問我：「鍾仕達，你家裡開什麼紡織廠？」我一頭霧水，搞不懂老師的意思。接著他好奇問：「家裡沒有開紡織廠，怎麼會念紡織科？」我回答將來可以去紡織廠上班工作，老師聽完後，告訴我：「你畢業以後，應該努力去開個紡織廠才對！」沒想到最後我真的自己開了紡織廠，也許當年趙老師一句話刺激了我，埋下日後我跑去新加坡創業的種子。

在臺北工專念書三年的生活是非常愉快的，但我是從南部來的窮學生，為了不給家裡負擔，我只能拚命用功念書，為的就是臺幣一千元的獎學金。所以當別的同學在玩樂時，我一點都不敢鬆懈，因為獎學金可以當兩個月的生活費。

一拿到獎學金，我會開心和同學上西門町去吃我最喜歡的「一條龍」和「周胖子」餃子館，或是中華商場的「點心世界」，這對平日節省的我來說，已是學生生活中最大的奢侈享受。我特別喜歡吃退伍老兵做的牛肉麵和陽春麵，有種特別風味。有時回臺灣還會去找牛肉麵來吃，在吃下牛肉麵時，不只是美味，更多的是年少青春的回憶。

參與「劉自然事件」示威抗議　見證歷史大事件

一九五七年是我在臺北工專求學第二年，當年臺灣社會最大事件是「五二四事件」又稱為「劉自然事件」。這個事件起因是一位少校軍人劉自然在陽明山返家途中，被一位美國駐臺軍人羅伯特．雷諾開槍打死。據那位美軍的理由是劉自然偷看他太太洗澡，他才開槍射殺；又因為他是美國人有外交豁免權只能在美國軍事法庭審理，最後判他無罪，美軍連忙用軍機送他回美國。消息出來，引起臺灣民眾的怒火。

五月二十四日，大批憤怒民眾開始包圍美國大使館，接著有人開始丟石頭、砸汽車，並衝進大使館燒毀傢俱和文件。當天事件發生時，中午我在學校吃午餐，教官在廣播中說：「各位同學，你們筷子放下來，我們一起到西門町！」大家真的都放下筷子，飯也不吃了，一大群人搭公共汽車到大使館參加示威活動。

到了現場已是一大堆人，除了老百姓，還聚集好多個大學的學生。我旁邊站著一群師大、政大的女同學，大家帶著紙板寫上標語。當時臺灣是戒嚴時期，這種反美示威暴動是非常嚴重的大事，晚上憲兵隊出來逮捕捉人，而且也有用槍打死老百姓。雖然這個事件很快落幕，但參與這次示威抗議應該是我學生時代最深刻的回憶。

學生時期已是近七十年前的往事，如今回想起來，彷彿還在不遠的時間。臺北工專這三年求學生活應該是我最值得記錄的一個階段，不僅從老師身上獲取專業知識，成為我日後從事紡織事業的養分，更重要就是這二十二位同學豐富了我的人生，讓我至今仍深深懷念他們。

第二章

紡織・臺灣

一、勤益紡織任職，學到做人和做事

一九五九年我從臺北工專紡織科畢業，正趕上五十年代臺灣紡織業起飛的時期，到了六十年代紡織業更是迎來輝煌盛世，從原料、紡織、染整、成衣到外銷出口，串起紡織業中下游產業供應鏈。有將近二十年時間，紡織品每年為國內貢獻超過一百億美元的外匯收入，成為臺灣經濟發展的火車頭，說它是當時經濟發展的命脈也不為過。

紡織業的興盛，吸引大批就業人口投入，在紡織廠工作成為大眾口中的「金飯碗」，而我也在一九六二年正式踏入紡織業行列，開始見證臺灣紡織由興而衰的時代。

紡織業四大勢力　貢獻臺灣外匯收入

臺灣紡織業能蓬勃發展，有其歷史因素與時代背景。一是日治時期打下的良好基礎，二是一九四九年國民政府退守來臺，帶來大批中國大陸的紡織實業家與機器、技術人員與美國配額的特許進口，使得紡織業快速發展，各路企業家紛紛設廠，榮景和現在的科技業一樣。

當時臺灣紡織產業結構龐大，最具代表性的是號稱四大幫派的上海幫、山東幫、臺南幫、臺北幫，各有其勢力範圍與經營領域。上海幫無疑是影響力最大的，包括：「臺元」紡織嚴慶齡、「遠東」紡織徐有庠、「中興」紡織鮑朝橒、「華隆」集團翁明昌、「勤益」紡織顧興中、「華南」紡織徐克定等，尤其徐、鮑、翁三人更被稱為上海幫的三大巨頭。

山東幫以「廣豐」賀膺才、「潤泰」紡織尹書田、「六和」紡織宗祿堂、宗圭璋、宗仁卿三兄弟為代表；臺南幫是以侯雨利、吳修齊創立的「臺南」紡織為主；臺北幫則是由「新光」紡織吳火獅坐鎮。

我就讀的臺北工專是臺灣第一間設有紡織專業科系的大專學校，畢業生在紡織界非常搶手，通常還沒畢業就有很多公司來找人。我當兵退伍後，一九六二年以考取高考的技正資格進入「勤益」紡織擔任技師，薪水每個月有四千元臺幣，比起公務員，在當時算是相當優渥的薪資。

創辦人顧興中勤儉樸實　成立勤益毛紡

我的老東家「勤益」紡織是由上海幫的顧興中所創辦，他畢業於中國大陸第一間紡織專業學校——江蘇南通紡織學院，父親顧毅近在上海創設「勤奮」毛紡公司及「勤豐」棉紡公司，由他擔任「勤奮」毛紡公司總經理。一九四九年顧興中在臺創立「勤益」紡織公司，以毛紡著名於紡織業，是全臺第二大規模。

顧興中是專業的紡織企業家，講一口流利的英文，且長得很體面，做事很認真積極。他創立「勤益」毛紡，不掛董事長而是總經理。由於顧總大部分時間都待在香港分公司，所以和臺灣員工相處並不是太熱絡，但對員工部屬很客氣。他雖然貴為公司老闆，但在生活上還是力求儉樸節約，不該花的錢一塊錢都覺得是浪費。

當時「勤益」毛紡工廠位在新莊，和高速公路只隔一條橋，旁邊還有一條圳溝，顧總有司機也有私家車，但他常為了省錢，只搭計程車。印象很深有一次在上班時間，在公司大門口看到顧總從計程車下來，也準備趕去上班開會，我看到連忙上去向老闆打招呼並好奇問道：「顧總，怎不讓計程車開進廠區？」他回答我：「開進去要多跳一次錶兩塊錢，我自己走進去就省兩塊錢！」這件事讓我見識到一個公司的經營者，對錢財上的嚴格控管。

顧總雖然平日生活上很節儉，但是他對教育文化公益非常熱心慷慨，他在一九八八年創立「顧氏文教基金會」及「顧氏社會福利慈善基金會」，長年積極推動及贊助學前教育、家庭教育、社會教育、特殊教育，每年不但捐助多所大學獎學金，也做了很多社會善事。在他的潛移默化影響下，後來我以亞洲臺商會長的身分積極推動社會公益，回饋家鄉。

對員工尊重與包容　日後學習榜樣

顧興中對員工要求很嚴格，和員工相處較有距離感。有一次他叫我混一個紡織樣品，他當場指導以他的方法，告訴我怎麼混，這個要拼幾次，只見他在機器上轉來轉去做調整。但我覺得自己的方法會更好，所以事後我沒有照他的方法去混紡，我認為用自己的方法做出來的顏色反而更漂亮。

沒想到，第二天顧總看到樣品，當場臉色很不好看，不高興地說：「為什麼沒有照我意思做？」那時在他辦公室的橢圓形辦公桌前開會，旁邊還坐著五六個高級幹部，沒有一個同事替我說話。我站在前面還是保持冷靜地回答：「是，我照我的意思做，沒有照總經理的意思做，這一點我是有點不對。」

但是隔天樣品送到香港客戶那裡，客戶卻非常滿意，覺得非常好。顧總知道客戶的讚美，也沒有給我致歉，同事更沒有一個人恭喜我，所以我覺得他比較冷淡。從這件小事情，我認為當老闆的人應該適時誇獎鼓勵部屬，這會更帶動員工的向心力。

顧總雖然對員工不是太熱絡，但是他格局很大，對人很有肚量。有一次工廠在加班，他從外面打電話進來要找總務課長，因為總機和祕書都下班了，電話就由門房警衛接聽。我們公司的警衛大部分是退伍軍人，平日很少在接電話，不相信總經理會下班打電話來，警衛直接劈頭就問：「你是誰？」顧總回答：「我是總經理！」結果警衛以為是外面打來的無聊電話，直接應：「我是董事長！」

後來警衛知道真的是老闆，害怕飯碗要不保，緊張得趕快打電話給總務課長說：「對不起！我要被開除了！」原以為顧總會大發雷霆，直接叫警衛捲鋪蓋走路，但是第二天顧總進辦公室當作沒有這件事情發生。他對基層員工的包容和肚量，的確是我日後可以學習的地方。

趙耀東座上客　見識理工人專業管理

還有顧總對員工也很尊重，有時候他會請幹部員工去他家吃飯兼開會，會議從下午三點開始，開到六點晚餐時間，大家一起吃晚餐。吃飯的時候，總經理夫人站在桌子旁邊，每當有員工吃完要添飯，她從不叫佣人，都是由她親自把飯裝好再遞給我們。雖然只是一個小舉動，卻讓我很窩心，表示老闆對幹部的尊重，他能做到這一點，是很了不起的一件事。我把它記在心裡，心想日後如果有機會我當老闆也要讓員工感受到尊重，才可以留住人。

上海幫是當時臺灣紡織界最大勢力，不同公司間的老闆都會互相認識往來，也因為這個原因，我得以見到當年紡織界的一些要角，其中「鐵頭部長」趙耀東是讓我印象最深刻的一位。一般人知道他是因為中鋼的關係，其實他在一九六六年曾幫朋友創立「利臺」紡織，擔任副董事長一職；做什麼像什麼的他，沒幾年就把「利臺」打出高知名度，還創下臺灣第一家毛料外銷英國的紀錄。

趙部長很聰明，具有理工人的事實求是的專業精神，他為提升工作效率把工廠蓋得很漂亮，功能齊全，讓員工在廠區可以解決上班所有大小事，這套企業管理原則日後也帶入他一手建立的中鋼公司。

建言三班制工時　創下臺灣紡織工廠先例

由於顧總大部分時間都在香港的分公司，臺灣公司裡面的大小事都由副總陶鼎勳處理，因為和他相處時間多，從他身上學到的做人做事道理，讓我至今受用無窮，更是我在企業管理上的啟蒙老師。陶鼎薰是顧總的舅舅，他是留學英國的機械專家也是企業管理專家，當年「中國生產力中心」要成立時，他提出不少建議，是一位難得的實業人才。他每次進來工廠看到我，都會找我談談有關企業管理的事情，讓我學了很多。從他把「勤益」管理得井井有條，業績蒸蒸日上，讓公司穩坐臺灣毛紡廠第二大規模，我知道這個人相當不簡單。

陶副總喜歡和員工聊天談話，只要是有好的意見，他都會採納。早期紡織廠沒有勞基法，也沒有採行三班制，只有兩班制，工作時間很長。例如當時我們廠裡吃完晚飯還要再繼續開會，一開就到開到晚上十一點多，再坐個車回家就都快要半夜十二點，甚至到凌晨一點，梳洗完畢睡覺就已經快要半夜兩點；為了趕早上八點上班，第二天早上六點多就起床整理。即使昨天很晚才下班，但大家都還是不敢晚到，因為有時顧總準時八點會打電話到工廠找人。

那時我在「勤益」紡織廠是工務課的總工程師，管六個工廠，毛紡廠、紡紗廠以外，還有最新的尼龍絲廠。工廠上班是兩班制，分成早晚兩班，每班十二小時，早班工人早上六點要上班到下午六點，晚班是下午六點做到隔天早上六點。紡織廠工作是屬於勞力密集工業，常常同事在工作到第八個小時後，已經明顯體力不佳，直接也影響到生產效率。

有次我遇到陶副總向他提到這個問題，我大膽向公司建議，這樣效率不好，而且員工生活不正常，可以改三班制，每一班八小時，即是目前現在所有工廠通用的上班工時。因此，三班制工作時間，「勤益」可說是臺灣第一個採用的。後來我回屏東家鄉招聘員工，初中畢業的小女生，找了五六十個人訓練起來，我想可以順利招到那麼多人，三班制工作時間應該是一個很大的誘因。

貢獻所學　拿到臺灣第一家國際羊毛局認證

看到公司願意採納我的建議，心裡非常高興，更願意把我所學貢獻給「勤益」。以前要看毛紡布料的好壞，需要由英國的國際羊毛事務局（IWS，International Wool Secretariat）認證過，才能證明是高品質的毛料，一旦通過認證就可以掛一個小牌子，小圓牌上面就是三個圓圈白線的圖案。

當時臺灣尚未有紡織廠的毛料拿到國際羊毛局認證，所以我去日本東京工業大學研習回臺後，先從布料做到嚴格品質控管，又讓公司買新機器進來，重新做出符合國際品質標準的毛料。當時要得到國際羊毛局認證不是件容易事，標準很嚴格。**IWS** 國際羊毛事務局在日本有個分部，先是英國總部、日本分部都有派人來我們工廠看設備和機器，全部都過關了，半年後「勤益」才拿到臺灣第一個 **wool mark** 羊毛標誌，這可說是我去爭取來的，為此，顧總還大大稱讚了我一番。

從此，「勤益」在消費者心目中成為高級毛料的代名詞，算是我對「勤益」很大的功勞，也是對臺灣紡織業很大的貢獻，證明臺灣也可以生產出高級的布料。雖然後來陸續「利臺」等幾家紡織公司都有爭取到國際羊毛局品質認證，但作為臺灣的第一家認證公司，不管是對我還是對「勤益」都具有非凡的意義。

二、從工程師到業務員

進「勤益」毛紡，雖然我擔任的是技師工作，主要是管理工廠機器和紡織布料，但我覺得一個公司可以學習的地方，絕對不是只有在自己的工作範圍。應該說，上從企業的營運下到業務的開發，全都是學問，處處都是可以學習的良師。

如果說在「勤益」最大意外收穫應該是我自動請調去跑業務，我從一個什麼都不懂的門外漢，不但做到全公司業績前幾名，也學到一身開拓市場的功夫。沒想到，這身功夫幾年後竟讓我打開亞洲好幾國的市場，奠定我在新加坡的紡織廠基礎。

開會做紀錄　三個月學會聽上海話

剛進「勤益」沒多久，我除了修護機器，還被顧總指派做開會時的會議紀錄。

剛聽到自己要接這個工作，心裡著實很慌亂也很不安，因為公司主管大部分是江浙人，開會只講上海話，而且說話速度還非常快，我除了國語和客家話、閩南話外，其他地區的方言，沒有一個聽得懂。

第一次開會，我坐在旁邊像是鴨子聽雷一樣，一句話都聽不懂；我只能很努力聽他們講，但是一個字都沒辦法寫。後來經過訓練三個月後，他們講的話我竟然可以都聽懂了！也因為這樣，我才發現自己有一些語言天分，後來我不管學英語或是日語都可以很快上手。

而且學會聽上海話有一個好處，那時顧總來往的一些上海幫紡織業大人物彼此交談也是用上海話，我在旁邊可以清楚了解他們交談的內容，不但可以知道當時臺灣紡織界的一些發展情況，我也得以學習到這些大老闆們應對進退的舉止和沉穩的態度和手腕，日後對我獨當一面企業經營有著極大的幫助。

自願當業務　接受另種挑戰

原以為自己就是在「勤益」一直做技師，也認為自己只能當工程師，沒想到一個偶然機會，我又發現自己另個潛能。

那是在「勤益」工作約六年後，公司為提升業績，要從工程部門人員調派人去跑業務。當顧總跑來工程師辦公室宣布這件事時，同事臉色都不是太好看，因為以前業務員地位不高，叫專業工程師去拋頭露面跑業務，大家自然是不願意。但我心想：「做工程師的最後目標是當廠長，但是做業務的話，以後可以當老闆，父親以前也是做生意的，也許我以後有當老闆的細胞也不一定！」

整個辦公室頓時鴉雀無聲，只有我一個人舉手，接受這個不一樣的挑戰，志願請調去第一線面對客戶，當然我這個轉換跑道決定，家人很不支持，尤其母親。她認為好好的工程師不當，竟然要去當業務員，像挨家挨戶推銷肥皂粉一樣。但我自己心裡清楚，未知的挑戰，我都把它當成是訓練自己，也許可以激發出另項能力。比起做事一板一眼的工程師性格，我更具有靈活的彈性與柔軟，對於我跑業務是很大優點。

我還記得當時公司把我送到生產力中心去受訓，第一天授課老師問臺下一群學員：「你們認為做業務人員最重要的是什麼？」「皮鞋擦亮，要穿西裝！」大部分的人都這樣回答，老師微笑著說：「都沒有答對！當業務人員最重要的不是口才，而是腰要軟，在客人面前不要怕彎腰磕頭。再來就是自己要謙虛，對客戶講話要誠懇，業務才會進來。」老師這段話讓我一生受用無窮，也養成我對任何人講話都很客氣，畢竟腰彎得越低，收益才會提得越高。

全臺跑透透　南征北討不怕累

課程結束後，我開始了業務生涯，公司派給我兩位業務課小姐，我們三個人一組，全省跑透透去賣西裝布料。我先鎖定各地區縣市政府、糖廠、稅捐稽徵處、港務局，因為這些公務機關都有做制服和西裝的需求，是「勤益」的潛在大客戶。

因為跑業務關係，我從工廠一成不變的工作跳脫出來，得以見到各種形形色色的人和他們打交道，我學到察言觀色還學到做業務的技巧，甚至我與對方交談十分鐘後，就能從他們的口氣判斷這筆生意能不能成交。我天生喜歡和人接觸，這樣全臺灣跑，我一點都不覺得辛苦，反而覺得很開心，收穫很多。

一九六七、一九六八年的臺灣，沒有高鐵，也沒有高速公路，我們三人一組到外地拜訪客戶，只能帶著大包小包行李一路坐火車再轉搭公路局客運，路途遙遠，時間花費很長，非常辛苦。我還記得那時要到花蓮、臺東拜訪花蓮縣政府、港務局和臺東縣政府、臺東糖廠等單位，從臺北到花東的唯一交通工具只有公路局客運車走蘇花公路。那時蘇花公路只能單線通車，我們下午到南澳站後，和客運司機一起住進當地的小旅館，草草吃過簡單晚飯後，哪裡也不敢去，等早上集合時間車輛放行後，再搭上客運車往花蓮。

見識各種客戶　領悟以和為貴

我記得有次跑到高雄稅捐稽徵處推銷西裝布料，我們三人在市區住旅館，我都會訂兩個房間，我自己一個人住一間，另外兩位業務小姐住一間，房間放滿我們帶去的樣品布料。那天早上到稅捐處拜會完相關人員後，晚上就有兩三個該處的人員來找我，名義上說是要查我的帳，有沒有開發票。

但我心裡清楚是怎麼回事，也不說破。當時高級的西裝料很昂貴，光是一套西裝布料要價就是公務員一個月薪水，所以遇到這種時候就得做做公關。我很大方地和他們聊聊天，最後我當場剪了一兩碼樣品布料給他們帶回去，大家皆大歡喜。事後我跟同事報告這件事情，我了解到雖然我們沒有逃稅，不用怕，但遇到稅捐處的人，還是要以和為貴。

照行規，每個單位機關的福利社，公司都會留有百分之二的抽佣空間，結果到了高雄某個很大機關，編制有幾千人，我覺得這如果談得成，應該是一筆大生意。結果我到了單位後，有幾個人把我直接帶到一個隱密房間，把門關上後告訴我，除了固定的百分之二外，還要特別再給百分之一的佣金。

第一次遇到這種事，我當下也很為難，因為一旦牽扯到佣金，不是我能做主的，我打電話向公司請示。顧總聽我敘述了情況，沒有明確指示要或不要，只叫我自己做主。我後來想了一下，這的確是筆大生意，即答應對方的要求，雖然心裡不是很樂意。只是後面又遇到其他問題，所以這筆單最後沒談成。這件事讓我知道談生意有時候會碰到很多無法在檯面上講清楚的細節，然而一旦和底線相抵觸時，我是寧可不要做這個生意的。

兩年業務員生涯　為日後開發客戶奠基礎

在跑業務的過程中，還是遇到許多幫我的貴人，讓我至今銘感在心。我一位臺北工專的同班同學，父親是當時規模很大的「東南」鹼業公司負責人，總公司位在臺南，全臺有六個廠。同學很熱心介紹我和他父親認識，這位伯父也很豪爽地就下令所有工廠的員工，中午休息時間去購買布料，且答應讓員工可以分期付款剪布料，再從每月薪水扣。我和兩位業務小姐起勁地當場剪布，到時再去向他們公司請款。因為這筆大單，那個月業績非常好，公司長官都對我另眼相看。

當業務員時間持續了兩年，我從一個業務菜鳥一路做到業績讓公司刮目相看，日後我當老闆可以順利開發想都沒想過的市場，和這段跑業務的經歷有很大關係。後來我到新加坡創業，到不同國家和客戶談生意，駕輕就熟，一般臺灣人不敢去也不想去的國家，像巴基斯坦、尼泊爾、阿富汗，我也敢去。除了語言可以通，我知道如何打進當地市場，因為沒有人敢去的地方，我一旦是第一個進去做，談生意就會成功。像我當年不怕辛苦，全省跑透透一樣，如果你是第一個到單位機關去推銷毛料，大部分人都會買你的產品。

老東家學到管理知識　一生受用無窮

在「勤益」近十年時間，是我人生一個重要階段，不僅後面兩年到日本東京工業大學進修，學到更高深的紡織技術，也學到跑業務和開發市場的本領，最重要是學到真正的企業管理知識，因為真正的經營管理不是從書本上來，而是落實在真實的組織運作中。

而在「勤益」我還學到品質管理、生產管理、時間管理、職位管理，尤其後者在當時是很先進的一門管理專業。所謂的職位管理就是仿造政府單位一樣，幾級的職等就該有多少底薪，多少的加給，全都一清二楚，也讓公司對人事成本做有效掌控。在當時經濟部所登記的公司，「勤益」是第一家有做到職位管理的，且「勤益」還做到智慧分類、工作評價，要升職加薪，都有透明的人事制度，對穩定員工和提升工作效率都有很大幫助。

副總陶鼎勳是工業機械專家，我跟在他身旁也學習到工業工程，還有真正的技術。以前書本上面念的都是理論上的技術和理論上的管理，但是真正去管理人，怎麼去帶工人，怎麼去畫圖，做出生產管理進度表，產能才能有效評估起來，都是一門管理學。

時間管理（Time Management）照字面的解釋就是用一些技巧、技術和工具來完成工作，達成工作目標。我做個比喻，你在家裡最常用的東西要要放在最近的地方，才不會跑來跑去浪費時間。

所以一個良好的工廠動線規劃，工具就要放到機器的附近，不要放在很遠的地方，師傅要走很遠，再拿工具來修理，是不對的，這個叫 Time Study。因我必須去計算走路的時間，如果走到哪邊有幾公尺，回來又幾公尺；如果可以換一個位置，來回路程更短就省了一半時間，這個就是 Time Study 時間研究。這套時間管理方式，日後我同樣也沿用在新加坡的工廠。

實實在在做事　誠誠懇懇做人

當然對我日後幫助最大的還是第一線的業務推廣開發，本來我沒有信心自己可以做得來，但是兩年訓練下來，將我的意志磨練得更堅強，變得更有信心。我心想：「你們能做的我不但會做，你們不能做的我也做得更好！」像我這種全省跑透透，地毯式的密集推銷，公司的業務員沒有人敢這樣做，只有我敢一個人帶著兩個助手跑遍全臺，且非常成功。我想日後我敢跑到新加坡重新打天下，應該就是這兩年的業務生涯，建立起我的信心。

除了實實在在做事，我在「勤益」還學到誠誠懇懇做人。要做生意拉業績，建立人際關係很重要。但是我對人際關係的定義，不是一味去拍馬屁、奉承對方，而是大家互相幫助，包容別人，這點很重要。還有看到朋友有困難，私下可以告訴他你可以幫忙，雪中送炭，畢竟一輩子那麼長，人總有處於人生谷底低潮時，適時送暖，是我很堅持的一點。

也許我是老派人，我相信「以和為貴」四個字。在職場上我跟同事保持良好關係，因為沒有辦法與同事和睦相處，沒有人支持你，甚至背地裡捅你一刀，我當上主管也沒有用，效率也提不高，這個主管位子也坐不穩。因此，不管是我當主管或是老闆，「帶人要帶心」一直是我的原則，只有帶心，才有忠誠的部屬，事業才會做得長久，做得穩。

三、日本留學，開啟人生另一扇窗

在「勤益」待了幾年後，不管是工廠的紡織技術或是業務的開發推廣，我都已經得心應手了，薪資福利也都很不錯，依照一般人想法就是穩定地做到退休，起碼可以過個衣食無虞的生活。但我天生不是安於現狀的人，看著每天熟悉不過的工作，心中生起想要再去學習新技術的念頭，加上當時我才三十二歲，想要再給自己不一樣的挑戰，也想去看看外面的世界。

提升自己　赴日本東京工業大學念書

會選擇到日本念書的最重要原因，是因為「勤益」購買不少日本廠紡織機器，日本技師固定都會到臺灣的廠商做維修交流。日本技師來，我當然是主要接待人選，在與他們長期合作中，我知道亞洲最好最新的紡織技術就是在日本，況且日本很多的大企業都是從紡織業轉型出來的，例如：三井、豐田汽車，而全日本甚至全亞洲最好的紡織專業大學就是日本東京工業大學。

當時我已經結婚生子，薪水大部分都拿去養家，要拿出一大筆留學費用實在很困難，因此，我第一個想到的就是去考政府公費留學考。一九六四年我開始準備去日本念書，下班後就到日語補習班補日文，但時間匆忙且名額稀少，只考上私費留學。幸好老東家「勤益」老闆知道我有心要去日本深造學習，竟提出留職留薪的優厚條件，加上有親友在日本開設海蜇皮工廠，答應我可以在週末假日去工廠打工，生活費和學費都有了著落。當時女兒才剛出生，一九六五年我揮別家人，踏上赴日留學的旅程。

指導教授嚴謹治學　影響日後做人做事

當時去日本念書，身上所有的錢都付了學費，生活費只能靠打工來支付。我一個表舅在日本開海蜇皮工廠，專門把海蜇皮切塊加工，我在那裡做了兩年，學會切海蜇皮的技術。星期六日沒課，就到工廠打工，一天可以賺日幣一千元薪水，兩天有兩千元，一個月就有八千元，而且表舅還會包午晚兩頓飯，這對當時的窮學生我來說，已是很豐厚的收入。平日念書做研究，假日打工賺生活費，我的留學生活過得非常忙碌且充實，很多地方沒錢也沒時間去玩。

我在日本專攻混紡工程，偏重於機械方面。所謂的混紡就是在棉、麻、羊毛等天然材質外，與化工合成纖維混紡，這是紡織業的重大革新，因為可以讓衣服材料多元化與高級化，可說是融合兩者的優點，在服裝應用上更寬廣。

在日本進修兩年間，我的指導教授久世榮一和博士助教酒井老師是最讓我印象深刻的兩位。他們做事都非常認真和仔細，對於細節很要求，這種一絲不苟的做事態度感染了我，讓我不敢輕忽自己的課業。除了打工賺生活費外，其他時間我都在努力念書。

在跟著久世老師學習時，我們的研究室是專門研究學生的論文，包含日本各大學的混紡工程論文，每次和老師開會都會拿著筆記本，老師講什麼都要完整記錄下來。因為在日本養成這個好習慣，所以日後工廠長官交待事情，同事提出的意見，我就會習慣性馬上寫在記事本上，寫字時印象深刻就不會忘記。後來我經營公司，所有的幹部開會，一定要他們拿一本簿子記錄下來，誰講什麼話，全都一清二楚，日後要翻找紀錄，馬上找得到，這對日後公司管理非常有幫助。

《三國演義》學習商場謀略　懂管理更懂人性

日本教授在課堂上不僅教導專業科目，老師還會教《三國演義》，這對我影響也很大。日本人非常尊崇《三國演義》這本書，它在日本有很長久的歷史，原本是早期權貴階層和知識分子的讀物，後來流傳到民間，被許多企業老闆奉行為商場謀略的經典。

我記得老師說，《三國演義》除了有智謀，更重要是知己知彼百戰百勝，就是你要去了解別人的優缺點才能出奇制勝，而我們自己的內在也必須去建構一個不服輸的精神，即使不會贏過別人太多，但起碼不會輸，這是一個自信表現。

後來我因為工作機緣和一位日本商社社長認識，有一次席中提到《三國演義》，那位社長說，日本人如果要升到科長以上的職位都要念這本書。所以我到日本工廠和社長碰面，除了講工作，我們更喜歡討論關公，講他的義氣；還有評論曹操，分析他的野心和企圖心，當然還有諸葛亮的機智和謀略。

在儒家傳統定義中，我們很容易用好人、壞人來區分，但是在日本人眼中，沒有絕對的壞人，即使是像曹操這種世俗眼中的壞人，都有可取之處。在日本企業要升官，不管是是科長或是副總經理，都要詳讀《三國演義》，他們認為這是一種無形中的思想磨練。畢竟商場如戰場，要懂得管理，更要懂得人性，才能在競爭激烈的世界闖出一片天。

作育英才　擔任混紡工程講師

由於我在日本東京工業大學只有讀兩年，所以拿的是專題研究生學位，如果要取得碩士學位，必須讀四年時間，我考量到時間和金錢成本，只念了兩年就回臺灣。

回到臺灣後，除了繼續回老東家「勤益」服務，沒想到我人生出現一個契機。我的學長賴銈平升任臺北工專紡織科主任，他得知我剛從日本東京工業大學念書回來，覺得我所學專業很適合來擔任講師，他很快上報給省教育廳，聘我來擔任講師。當時臺北工專是省立，教育廳通知我去開混紡材料、混紡工程學與紡織原料這門課。臺灣這方面的專業人才當時很稀少，也因為開了這門課，我培養了不少這方面的新進人才，臺灣的早期紡織業，我也算是貢獻出所學專長。

因為是政府單位指派下來，老東家也很配合，每星期給我半天的公假去教學上課。但我從日本回來後，公司也把我升為課長總工程師，常常要開會，非常忙碌。有時開會從早上十一點開始，開到中午十二點都還沒結束，但是我下午一點鐘就要上課。同事會眼紅，故意修理我，把會議時間拖到十二點半才結束，根本沒時間好好坐下來吃中飯，只能到馬路上的麵包店買兩個菠蘿麵包就在計程車上面草草解決完中飯，吃完也差不多到學校開始上課。現在想來還真的辛苦，但是因為年輕也撐過來了。

理論與實務並重　學生評分第一名

畢業數年後有機會重新回到母校服務，我是非常開心的。我還記得第一次下完課到教授休息室，竟碰到自己的昔日恩師趙星藝，我照樣恭敬地叫老師，他看到我也非常高興，還鼓勵我學到的新東西要傳給下一代的人，才真正有價值。那時老師剛下課，休息十分鐘後換我上課，課堂學生一看到我這麼年輕，都忍不住好奇打量我。臺北工專學生都很喜歡我上的課，上課認真聽講，而他們給老師的評分，我都是拿第一名。因為我教的東西和一般老師很不同，不是只有理論還有實務，我會帶學生去工廠觀摩，實際操作機器給他們看。

也許我的教學傳出口碑，後來實踐家專就是現在實踐大學校長謝東閔先生聽到我的教學受好評，他囑咐系務林純子來聘請我去學校的服裝設計科兼任講師。當時我滿腔教學熱忱，希望將自己所學可以讓更多學生受益，沒有考慮太久就答應這個職務。從一所學校兼課，變成兩所學校，我知道公司並不是太樂意，同事也在背後講話，總經理說：「你兼那麼多課，工廠事情怎麼辦？」好強的我告訴公司：「我會加班給你趕工！」

原有的這兩所學校外，臺北工專夜間部也希望我去兼課，在盛情難卻下，我硬著頭皮答應，夜間部上完已是晚上九點多，回到家還要準備第二天工作的事項，洗完澡我已精疲力盡，倒頭就睡。努力兼課還是有收穫的，一個月我可以領好幾個地方的薪水，但是我知道我的極限就只能這樣了。後來逢甲大學開設紡織系，系主任也希望我星期天能去兼課，但我覺得真的不行這樣消耗精力，而且連家庭都顧不到，於是婉拒逢甲大學的邀約。

從日本商社社長學習　一絲不苟和好學精神

在日本念書這兩年時間，我認為是我人生中一個非常重要的學習階段，不只是學習書本上的專業知識，也學到很多日本人做事一絲不苟和好學的精神。日本著名的「三洋」電器的老闆太太是我的一個朋友的姐妹，叫我有機會去日本出差時，去看他的妹夫。「三洋」老闆不是請我去外面餐廳吃飯，而是請我到家裡用餐，由他太太親自下廚煮三菜一湯，湯就是味噌湯，更顯情意深重。

我後來才知道「三洋」電器和「松下」電器老闆，從不在外面應酬，天天回家吃飯，吃完飯就讀書讀一個鐘頭。而這位大老闆每天都站在公司大門口歡迎員工上班，下班的時候在門口歡送員工下班，就是這樣的日本敬業精神，感動了我，讓我決定也親身仿效。所以後來我在新加坡創業公司，也是早早就到公司，下班時，我會叫幹部先走，由我來鎖門。我相信底下員工看到老闆如此慎重看待他的事業和工作，他們也會對公司有更高的向心力。

「三洋」電器老闆的好學勤讀書著實感動了我，在我高齡六十歲時，又再度重拾書本到美國西太平洋大學念EMBA，因為我認為做工程師最大只能幹到廠長，但是我想做一位成功的老闆，需要再去精進企業經營管理的知識，所以我去念EMBA。

當然年紀大的記憶力和年輕時不能比，但理解力和實務經驗，讓我念起來非常有心得。尤其當了老闆後，把自身經營理念與書籍理論相對照，更能看出自己的盲點在哪。在我努力不懈下，順利拿到學位，過程中也非常感謝當年的林育賢總監的指導與幫忙。中國人常說活到老學到老，尤其我在經營公司，營運策略和世界潮流都有很深的連動關係，趨勢在變，新的科技一直研發出來，如果沒有保持一顆樂於學習的心，我相信很快會被淘汰。

同事眼紅受重用　埋下赴新加坡創業機緣

在公司受到重用，又在外面學校當講師，發揮所學，加上豐厚的收入，大部分人應該都會滿意這樣的生活，不會隨便去改變它。但這樣生活過了兩三年，我做出人生最重大決定：一九七一年十二月毅然決然遠赴新加坡創業！除了一分機緣，另外一個重要原因是我的優秀表現和公司對我的關愛，讓許多同事眼紅嫉妒。

同事先是看到我去日本留學期間，公司對我留職又留薪；回臺灣後升職為總工程師，又給我公假到學校去兼課。我自認是個敬業樂群的人，對工作永遠是全力以赴，在人際關係的應對進退上，也力求謹守分寸。但人的心思永遠比我想得更黑暗，也許這層原因促使我更希望去外面世界闖蕩，去建立自己的一番事業。

我發現在一個公司中不能表現得太突出，表現太好會讓人家嫉妒，一旦被同事排擠，就很難容身在這環境裡。儘管我向來與人為善，總經理和主管都很賞識支持我，但老闆支持我沒用，我的工作是團隊合作，要同事支持我才能順利運作。所以我覺得合作很重要，在職場上要做好人際關係，不管能力多強，都要考慮別人感受。那時年紀輕，鋒芒太露，沒有想到這麼多，只想做好老闆交待下來的事；現在的我如果重回當時的職場，我想我一定可以做得更圓融。

日後我在新加坡打拚出一番成績時，我依然抱持不卑不亢的為人處世原則，也是我常勉勵員工的，不要自卑也不要自傲，世上比我們厲害的人很多，所以要謙卑地學習別人的長處，這樣自己才會有所成長；而能力好的人，更要謙虛待人，擅用團隊力量，建立良好人際關係，打出屬於自己的一片天。

第三章

創業・異鄉

一、背水一戰，赴新加坡創業

也許是骨子裡那點不服輸的客家硬頸精神，讓我想到外面世界去打拚真正屬於我的事業。一九七一年底，從未到過新加坡的我，大約只考慮了一個月時間，就帶著全家人遠赴星洲與友人合創「聯星」紡織廠和「百星」製衣廠，一切從零開始，創立我的事業。

選擇新加坡作為海外創業設廠據點，主要原因是一九六五年新加坡脫離馬來西亞正式獨立，李光耀成為首任總理，剛上任的他，為了發展經濟，開始大舉對外招商，給予外國企業優惠，甚至新加坡政府還派招商團來臺灣，並把重點產業放在木材、紡織、電機，讓我和股東們都覺得星洲是大有可為的地方，而我也躍躍欲試，想要在異國他鄉大展拳腳，實現我的紡織廠老闆夢想。

承接股份　從廠長變合夥人

會到新加坡重新開始奮鬥似乎是冥冥之中上天的安排。一來是我在老東家「勤益」覺得發展空間有限；二來是剛好有幾位老闆級股東合資想到新加坡施展拳腳；三來是當年新加坡有企業優惠，且人口組成以華人為大宗，語言溝通沒太大問題。我的股東老闆覺得在新加坡發展前景不錯，所以每人出資十萬美金就來新加坡設紡織廠，全部資本加起來約一百萬美金，股東認為我懂技術也懂銷售，聘我擔任副總經理兼廠長。

原本我最初的計畫是先待兩年，等一切上軌道後，我可以臺灣、新加坡兩地跑。沒想到，一九七三年發生第一次石油危機[2]，油價暴漲三倍多，連帶物價也跟著高漲，第一個受波及的是以石化為原料的人造纖維紡織業，是這波國際油價暴漲最直接的受害者，當初的投資股東蕭氏兄弟因為急於變現，就將他的股份轉賣給我。

當時十萬美金合臺幣四百萬，足夠在臺北買五間公寓，我身上沒有那麼多錢，是靠著向家人和朋友借貸，才拿出這筆資金，正式成為股東之一，一路在新加坡落地生根打拚到現在。

2　第一次石油危機：以沙烏地阿拉伯為首的石油輸出國組織成員國（OPEC）在一九七三年十月宣布，對「贖罪日」戰爭期間支持以色列的國家實施石油禁運，禁運持續將近一年，到一九七四年三月正式結束。在禁運期間，全球石油價格暴漲近百分之三百，導致歐美等多個國家的經濟衰退，期間美國GDP下降百分之四點七，歐洲整體下降百分之二點五，日本下降百分之七，對全球政治和經濟產生短期和長期影響。

一場石油危機　紡織界大人物跌落

說起這位蕭氏兄弟之一的蕭柏煌先生可說是六十年代臺灣紡織業一位響叮噹的人物，他個人創立的「大明化纖」曾做到股票上市，一掛牌就造成轟動，聽說申購股票的民眾還繞了臺北新公園好幾圈。而他和其他三兄弟蕭柏舟、蕭柏楠、蕭柏潔設立的蕭氏集團旗下的「大同實業」，更是臺灣第一家將織襪業帶進自動生產的公司，員工曾經高達三千人，是當時彰化社頭規模最大的一家織襪廠，為臺灣打下「襪子王國」的重要基礎；但是一場石油危機及營運策略不當，最後公司也在一九七七年宣告解散。

我的股東都是老闆級的投資人，只出錢不管事，新加坡所有事務由我一手包辦。以前出國要管制，只能用商務考察名義出國，我的股東沒時間出國，由他們的另一半也就是老闆娘，掛副董事長名義向經濟部申請出國。

剛到新加坡大小事全部由我一人處理，這些董娘名義上是商務考察，實則是觀光旅遊，我得在繁忙工作之外招待她們吃喝，她們對我在新加坡的廠務並不關心也不感興趣，讓我心裡很不舒服。她們每天在旅館大吃大喝，吃的都是山珍海味，大魚大肉吃膩了，還要打電話給我：「鍾先生，我們在旅館吃這個菜吃得很膩，可不可以家裡炒個青菜，送到旅館給我們吃好不好？」我沒好氣地回答：「你到我家來，我親自下廚炒給你吃！」

這雖然不是什麼大事，畢竟我是見過世面的人，見微知著，我忍不住和我的股東講，如果公司不好好找人才經營管理，公司遇到狀況就會出問題。他們當然不會把我的話聽進去，所以一九七三年石油危機一來，臺灣很多紡織工廠都受波及倒閉解散，我的出資幾位股東老闆就遇到這樣的下場。

事業家庭兩頭忙　十五年沒有休過星期日

新加坡是多元種族國家，也就是多元文化並存，雖然官方語言是英語，但是每個民族私下間還是講自己的家鄉話：廣東人講廣東話，潮州人講潮州話，客家人講客家話，福建人就是福建話，況且還有馬來人、印度人的馬來話和印度語。宗教信仰上有回教、印度教，佛教，道教等，這些都是我要在這裡生存，必須要適應的。

當然從臺灣到異鄉重新打拚事業，初期不管是生活還是設立工廠、管理公司，我和家人都歷經一段水土不服的時期。

第一就是飲食習慣和臺灣有所差異。像我和家人從小吃習慣的臺灣米是又軟又香的，但是新加坡吃的是泰國米，泰國米口感偏硬，和臺灣米差很多；後來改成巴基斯坦米還是吃起來不對味，但時間久了也習慣了。

再來是子女教育問題，新加坡學校授課都是採英文，我的三個子女（長子鍾招敬、女鍾妙君、次子鍾招志）在臺灣受的是中文教育，開剛始課業跟不上，我只好請家教一科一科地個別輔導。當時工廠剛開始運轉，需要一天二十四小時開三班作業，我常常半夜還得跑去工廠巡邏，星期天沒人值班，我親自去值班，中午再趕回家陪家人吃飯，吃完再回工廠上班。

從一九七二年到一九八六年，我整整過了十五年沒有星期天休息的日子，而唯一能陪小孩的時間只剩星期六的晚餐家庭日，吃完我再陪他們念書。也許我的子女將爸爸的辛苦看在眼裡，他們後來書都念得不錯，如今在美國、澳洲、中國都有自己的事業。

不穿制服不吹冷氣　初期管理員工大不易

當初在新加坡設廠，我只有從臺灣帶兩三位技術人員過去，其餘員工全都在新加坡招聘，初期要管理這些員工也並不順利，我的第一場異鄉創業挑戰才要開始。

七十年代新加坡剛獨立沒多久，失業率高，一切百廢待舉，所以要招聘工人很容易，但要管理他們也是要經歷一段磨合期。為了方便管理工人，我提出上班要穿工作服的構想，所謂的工作服也就是一件T恤上衣，而且洗好馬上就可以乾，非常方便。但是他們不贊成，理由竟然是穿這個衣服，身體會不舒服，我說：「你穿了再說！」後來我又提出做長褲，配成一套，結果工人又說有靜電反應，不適應，想要穿牛仔褲。後來他們試過後，發現穿工作服果然又輕鬆又方便。

為了讓工作效率提升，我在廠內安裝了兩百噸、三百噸的冷氣，因為紡織廠沒有冷氣不行，不能紡紗。但是工人卻非常抗拒，跟我說不要開冷氣，因為臉會黃掉，我聽到這個理由真是又好氣又好笑。

經過半年後，工人都已適應工廠的運作，當然也適應我的管理方式，衣服照穿，冷氣也照開。而我知道民以食為天，要工人全力工作，在飲食上就要換成我去適應他們。新加坡因為天氣熱的關係，他們喜歡吃辛炸和油炸的重口味食物，所以我交待廚房煮菜就要煮他們喜歡吃的口味。

點頭搖頭都相反　印度員工難溝通

我在新加坡的紡織廠員工有兩百多人，成衣廠有上千人，八成都是華人，還有少部分的印度人。然而印度人的點頭和搖頭都和華人的表達意思恰巧相反，這點剛開始讓我很不習慣，以為他們很不配合，後來還是靠華人幹部出面解釋才解開誤會。與臺灣相比，早期新加坡人力素質是比不上的，所以常要提醒他們要準時上班、準時下班，請假要照規矩來，男女工人在工廠談戀愛不能影響工作，否則是可以開除的；現在時空背景不同，員工要談戀愛，如果老闆管太多，他直接就不幹了。

在新加坡設廠，我第一個遇到的問題就是語言不通。因為在新加坡做工程的幾乎都是印度人，他們講的英文很快，又有特殊腔調，他們講的英文我聽不懂，我講的英文他們聽不懂，彼此沒辦法溝通。

那時候設廠的電線和水管都接好了，兩個月過去依然沒水沒電，我按捺不住直接跑去政府公務部門詢問，後來總工程師請了兩個會講華語的和負責的兩個印度人溝通。我問他們：「為什麼兩個月過去了，水電管子也接到門口了，後續的電表和水表都不來裝好？」因為當時新加坡政府裝電表和水表是另外一個部門，經過我全力緊迫盯人，水電都沒問題了，工廠才能開工。

保守務實經營策略　渡過三次石油危機

紡織廠在一九七二年開始運作，隔年就碰到讓全世界紡織業哀鴻遍野的石油危機。那次石油危機起因是阿拉伯石油輸出國組織成員國宣布對美國、加拿大、日本、荷蘭、英國等國實施石油禁運，全球油價暴漲近三倍，對全世界經濟造成很大的影響，尤其對高度依賴原物料進口和成衣外銷出口的臺灣紡織業更是受傷慘重，一九七四年臺灣的經濟成長率從百分之十二點八三，一口氣降到百分之二點六七。我在新加坡也聽聞以前認識的一些紡織業同行不是倒閉就是公司周轉困難被合併，當然也包括後來賣我股份的「大同實業」。

雖然我在新加坡的紡織廠不是以人造纖維為主，但公司營運多少還是受到影響。幸好我初期嚴格控管成本，沒有去買太多原物料庫存，加上原有的現金流，算是安然渡過這次危機。但我知道做生意是和世界局勢密切相關，一個能源波動，都足以影響上下游好幾個產業。第一次石油危機過沒幾年，一九七九年又來了第二次石油危機，一九九〇年是第三次石油危機。幾次危機撐下來，也讓我對企業經營採取保守的務實做法，那就是手上有多少錢就做多少事，不盲目躁動地擴大投資，更不玩財務槓桿，手上永遠要準備三到六個月的周轉金，以防萬一遇到突發狀況。

不投機，不貪心　穩扎穩打做事業

我記得在經營漢德焊條公司的時候，日本「松下」在吉隆坡的分公司，要我向他們公司訂銅線，但是得用一年的期貨價格，我說我做不到，因為時間太長，風險就拉高，中間原物料波動，漲價、跌價萬一沒有評估好，可是會賠得慘兮兮。

所以我很堅持只能用兩個月的價格進貨，果然那年銅料價格下跌，「松下」在吉隆坡的公司虧掉百萬美金，連總經理都被免職。我知道這種期貨價格，如果押對了，是可以大賺一筆，但我不投機也不貪心，我堅持只訂一個月，最多兩個月，漲價或跌價，對我影響不大。因為環境隨時會變，要有危機意識，人真的不能太貪心，有時候人算不如天算。

那位日本社長很聰明，他畢竟只是被僱用的員工，公司虧損對他沒有關係。但我不是，我是個經營者也是合夥人，要對股東負責，我告訴他：「你虧一百萬美金，是公司虧本，不是虧你自己口袋錢，但我虧一百萬是我的錢。」後來果然被我料到，因為他的判斷錯誤，讓公司虧損幾百萬美金，最終他被調回日本公司打入冷宮，一輩子都再也無法升職。

如今想來，我很慶幸自己沒有貪念，沒有聽他的話採用一年期貨價格進貨，所以我生存下來到現在。這也讓我意識到不能太相信別人，一定要有自己的判斷力。有時我想到這件事，如果當初我真聽了那位日本社長的話，可能那次虧損就會讓我站不起來，更別說後面的事業發展了。

多聽多看　培養自身專業判斷力

也許前面有過三次石油危機，一九九七年的亞洲金融風暴[3]對我的公司威脅就沒那麼大，那時候泰國開始被國際炒家擊退，擊退後，銀行破產，貨幣貶值。當時泰國、南韓和印尼是金融風暴受創最嚴重的國家，接著馬來西亞、菲律賓也受到波及，而新加坡和臺灣是影響較輕微的。

但那時公司買原料要用美金，出貨的時候也用美金匯率，所以我開兩個帳戶，一個美元，另一個是新加坡幣，臺灣就用臺幣帳戶。公司要買原料用美金，就用美元帳戶，儘管匯率有受到些許影響，但公司營運一切正常。因為我自己有美元、

3　一九九七亞洲金融風暴：一九九〇年初期許多國家看好亞洲經濟發展，以致眾多資金熱錢湧向東南亞國家投資，但實際生產力不如帳面數字，形成經濟泡沫。一九九七年七月泰國放棄固定匯率制，實施浮動匯率制而爆發，進一步影響鄰近亞洲國家貨幣、股票市場及其他資產暴跌，使得亞洲多國經濟受到嚴重打擊，陷入衰退，其中泰國、南韓和印尼是金融風暴受創最嚴重的三個國家。

新加坡幣、臺幣，對方要求用美金進貨，我就用美金付，我賣的時候賣美金給對方，一切清清楚楚，一百萬美金還是一百萬美金，我拿來買原料，差別在以前可以買五噸，現在只能買三噸，材料雖少一點，但錢沒有少掉，我從來不會想投機去賺匯差，這完全就看經營者有沒有貪念。在新加坡開工廠時，我認識一些在當地金融界服務的朋友，有空我會向他們請教財務管理知識，他們都會給我很多專業的意見，也會指出我的盲點，讓我受益良多。所以做生意要多聽銀行人的意見，多跟銀行打交道，聽聽他們的看法，儘管講的不一定是百分之百正確，但多聽、多看，養成自己的專業的判斷力很重要。日後我從紡織業跨行到冷氣管業再到半導體機械零件，一路走來，面對危機都能安然渡過，我想我的專業判斷力和不投機、不貪心的性格，應該佔了很大的功勞。

二、當起空中飛人，身兼超級業務

紡織廠和成衣廠開工了，除了外銷歐美，我希望可以開發更多市場和訂單，維持公司的營運，更希望每年交出一張漂亮的成績單，可以向我的員工和股東合夥人交待。於是我開始了當起空中飛人的生涯，只要有生意訂單可以做的地方，再危險、再辛苦我都甘之如飴，欣然前往。事實證明，我這種一步一腳印的方式，才是最實在地做生意，為我打開很多意想不到的市場。

透過日本商社人脈　向外拓展業務

初來乍到新加坡，認識的人脈有限，要向外拓展市場，著實不容易，我想到以前在老東家「勤益」時，我從什麼都不會的技師靠著兩條腿跑遍全臺灣做業務，做到業務第一名，我相信只有靠實實在在去開發市場，才是永遠不變的真理。於是我拿出新加坡地圖，開始把周遭國家都做記號，準備親自前往。

我找到舊識日本「三井」商社的幹部。「三井」是日本大企業，在全世界的分公司就有兩百多家，亞洲幾乎每個大城市也都設有分公司，我透過他們當地分公司來介紹客戶，這無形中讓我省了很多力氣。

這些日本商社人脈，一部分來自以前的工作，另一部分則是我去日本求學時認識的人，由於我的日文聽說讀寫流利，所以很容易就和他們建立感情，而他們為我牽線介紹客戶，也可以賺錢，而我則需要他們在其他東南亞市場的人脈，請他們做代理，也因為如此，我可以到巴基斯坦、斯里蘭卡、孟加拉、尼泊爾、印尼、印度、阿富汗等地，去推銷我工廠的產品。

巴基斯坦女性　意外成為主要客群

在這些國家中，巴基斯坦是我業績最好的地區。臺灣人對這個國家很陌生，一九四七年巴基斯坦剛獨立時還很貧窮，但後來四十年間經濟快速發展，七十年代它正值經濟起飛期，很多工業都在發展，不會輸給臺灣，各種民生物資需求旺盛，這間接促使我的產品在那裡大受歡迎，巴基斯坦成為我當時主要的業績來源。

我第一次到巴基斯坦的首都喀拉蚩，當地基礎建設還不完善，算是滿落後的。喀拉蚩是屬於熱帶季風氣候，因此天氣很炎熱。我記得剛下飛機沒多久，來接我的日本商社人員告訴我，巴基斯坦信奉伊斯蘭教，非常傳統保守，男女極不平等，他們告誡我：「你千萬不能碰到女孩子，是會被斬手的，在回教國家法律是可以斬手的！」我不知是真是假，還是他們故意嚇我，所以我在那裡坐電梯遇到女性，手都不敢亂放。

當時的巴基斯坦是相當保守的回教國家，女性出門都要披一種稱為「Chador」的黑色罩袍，我在路上看到她們，眼睛根本不敢看一眼。有一天晚上在飯店吃完飯，覺得無聊，想去市區逛逛街，結果看到角落穿著罩袍的她們，一身是黑，差點把我嚇得大叫。但沒想到，這些穿著保守的巴基斯坦女性卻成為我的主要客群，因為「Chador」需求量大，我工廠生產的加工聚酯纖維品質讓當地經銷代理商很滿意，而且那時巴基斯坦經濟剛成長，大家捨得花錢買東西，他們沒有紡織品，我可以供應他們，因此，巴基斯坦為我的紡織廠創業初期打下賺錢的基礎。

肢體語言與華人相反　三次議價才明白

我到巴基斯坦唯一的困擾就是他們的點頭搖頭和印度人一樣，全都是相反的意思，同意是搖頭，不同意是點頭。第一次和他們談生意的時候，我先開個一磅三塊一美元的價格，結果他一直搖頭，我以為太貴，自動又把價格降到三塊零五，他還是在搖頭，我心想已經很便宜了，但為了做成這筆生意，我又再降到三塊錢美金，他還是在搖頭，幸好，他比出一個OK的手勢，我才知道成交。但這也告訴我，如果你對當地文化不了解，做生意會吃虧。我後來才知道南亞一些國家、歐洲的保加利亞、希臘的肢體語言是和華人完全相反的。

和巴基斯坦客戶做生意往來久了，會很喜歡他們的誠懇和熱情，尤其是他們對宗教發自內心的虔誠和敬仰，讓我印象深刻。我給當地客戶的佣金是百分之二，一百萬的美金的交易佣金是兩萬塊美金，每年我會結帳一次。客戶只要賺了錢，每年結帳完畢，他會拿出一部分，奉獻給他的阿拉真主和清真寺。他們不會把錢全部放在自己口袋，一定不忘拿出部分奉獻給他的真主。他們做事情都很認真，而且對合作夥伴和朋友很忠心。

在巴基斯坦當我經銷代理的那位老闆，在當地算是有錢人，住的房子又大又漂亮，每次去找他談生意，他都會很熱情把我請到一個隱密房間關起門來喝啤酒，連太太、女兒都不能進來。本來回教徒是不准喝酒的，但是他說我從國外來不用受回教法律限制可以喝啤酒。我好奇啤酒哪裡來的，他說是新加坡的船員走私進來的。雖然喝個啤酒沒什麼，但我這位巴基斯坦合作夥伴願意在家裡為我破戒，可見他是真心把我當朋友對待，不是只有純粹的商業客戶關係。

阿富汗遇政變　差點回不來

我成功打開巴基斯坦的市場後，位於它隔壁的阿富汗也想去試試，因為我向來相信越是越沒人去的地區，市場會越大，一旦被開發掌握後，商機無限。不過，阿富汗這個國家實在太特別了，我去過三次後就不敢再踏足這個國家，打破了我向來勇於在新地區開拓市場的經驗。

現在臺灣人對阿富汗的認識應該都是來自二〇二一年塔利班贏得內戰，美軍大舉撤離的國際新聞；其實早在一九七九年蘇聯入侵阿富汗開始，這個國家人民就飽受苦難，生活沒富裕過，基礎建設很落後，到現在還是世界上貧窮國家之一。對我們做生意的來說，阿富汗沒有外匯，銀行也不能開信用狀，只能用現金交易，很不方便。

當時有個專做阿富汗紡織生意的商人特別跑來新加坡向我買貨，我們從中午十二點談到下午二點，我說你要趕快決定，因為新加坡銀行三點就要關門了，結果他從手提袋拿出美金現鈔，一共是五萬元，我連忙叫會計馬上到美國銀行去存起來。當時五萬美金是一筆大數目，放在保險箱很危險，我都要睡不好覺，這個情況維持很多年。

當然貨要進阿富汗也是驚險重重，一九八四年我最後一次到阿富汗，住進首都喀布爾一個只有外國人才能居住的旅館，當時感覺整個市區氣氛都很緊張，後來客戶告訴我阿富汗要政變了。那時交通一團混亂，等了幾天沒機票，我待在那裡幾天都不敢出門，怕出去會被打死，魂斷異鄉。後來訂到飛巴基斯坦喀拉蚩機票，我馬上收拾行李，一刻都不敢停留！而我一到喀拉蚩機場馬上衝到航空公司櫃臺買回新加坡的機票，連夜就飛回家，再也沒去過阿富汗。

後來阿富汗的狀況，都是透過新聞才知道，看到二〇二一年電視上大批阿富汗人聚集在機場，等待飛機逃離的畫面，不禁回想起一九八四年我在阿富汗的狀況。我感慨阿富汗人民很可憐，一直生活在戰火動盪中，女性受教育的權利也被剝奪，想想臺灣的人民和他們比起來，實在是很幸福。

孟加拉市集和烏鴉　至今印象深刻

孟加拉也是巴基斯坦鄰近的國家，其實它以前是屬於巴基斯坦的自治區，稱為東巴基斯坦，後來印巴兩國打仗，巴基斯坦打輸了，一九七一年東巴宣布獨立，一九七二年成立孟加拉共和國。

孟加拉也是臺灣人另一個陌生的國家，它現在人口有將近一億七千萬人，八十年代我去那裡跑客戶時，人口就已經八千萬人；因為那裡的人民和印度很像，沒有節育觀念，大家拚命生孩子。我第一次到孟加拉首都達卡被密密麻麻的人和路上擁擠不堪的交通嚇到，後來才知道達卡有一千萬人，人口密度一平方公里三萬人，是世界人口密度最高的城市。

因為人多、薪資低廉，很適合勞力密集的紡織成衣業發展，加上對歐美有出口關稅優惠，因此，孟加拉成為僅次於中國的世界第二大成衣出口國，幾乎現在世界知名的成衣品牌都是這裡生產的。孟加拉有大半人口都在做成衣代工業，其中有八成五都是女性參與，所以二〇一三年一棟成衣代工大樓倒塌，死傷慘重，也因為那次工安災難，才改善工作環境。

我對孟加拉印象最深的，除了擁擠的人群和交通，就是他們的市集——大量攤販聚集在一起，形成一個一個的市集。孟加拉的市集不是在熱鬧的市中心，而是聚集在森林的樹底下，每個禮拜有兩次，他們不是賣東西賺錢，而是以物易物，每個攤位拿出家裡可以賣的東西，像雞、雞蛋、家裡種的菜，或是二手舊衣，都可以在那裡以物品交換當作交易。

只要出國跑業務，基於對客戶的尊重，我都會穿上西裝去拜訪，唯獨去孟加拉的首都達卡，我不敢穿西裝，只能穿雨衣。因為達卡市區到處都是烏鴉，尤其是市集場所，整天都在大便，所以穿西裝走在路上常會遇到烏鴉大便攻擊，一套西裝就報銷了。而且烏鴉在孟加拉地位和神一樣，是不能打的。

因為人民太貧窮，儘管孟加拉對小偷的法律很嚴，但是小偷還是非常猖獗，他們每個住家門口都要貼著防盜協會的會員名牌。我好奇問客戶為什麼貼這個，客戶說：這個牌子是要交錢才有的，小偷看到有牌子，就不會去偷，因為他是我們的會員；如果沒有貼門牌的，就是沒有交錢的，偷他的東西就沒有關係。讓我大感驚奇，也才體悟到在落後國家有些事情在我們看來很不可思議，但要在這裡求生存，就會有種種檯面下的運作規則。

孟加拉因為人口數太多，國內就業環境不好，失業率高，像很多東南亞移工一樣，需要出國找機會。馬來西亞、新加坡，泰國，甚至沙烏地阿拉伯都有孟加拉的移工，我的馬來西亞工廠也有孟加拉的移工，他們大部分工作態度都還不錯。

斯里蘭卡、尼泊爾衛生條件差　嚴重水土不服

出國跑業務找市場，不是觀光旅遊，且我大都是往經濟較落後的地方，自然生活條件也不會太好，我都有心理準備，也不太會去要求，但斯里蘭卡和尼泊爾卻是讓我嚴重水土不服的兩個國家。

七八十年代的斯里蘭卡經濟還很不發達，以生產錫蘭紅茶和紅寶石最出名，整個首都可倫坡，只有一間可以讓外國人居住的旅館。這邊的業務是一位印度客戶朋友介紹的，因為他想要爭取我的公司做代理，所以介紹我去斯理蘭卡找客戶。我吃不慣當地飲食，想要找間道地中餐館都找不到。當地華僑開的中餐廳的米飯，裡面全是沙子，原因是他們習慣把米拿去外面曬太陽，灰塵沙土也跟著掉進米裡。中餐館生意不好，菜餚老闆也是隨便做一做。後來那邊市場業績不佳，去了幾年後，就結束當地的業務。

我那個時代的尼泊爾還是落後國家，靠中國大陸金援，幫他們做建設，在首

都加德滿都有一條大馬路叫「中國路」。尼泊爾因為貧窮，很多人沒有錢念書，識字率很低。我第一次到當地讓我大開眼界的是，他們有一種工作類似像「讀報人」的性質，就是請讀過書的年輕人讀報紙給需要的人聽。早上有時我經過馬路或是廣場的地方，可以看到一堆老先生坐在那裡專心「聽」報紙。

尼泊爾衛生條件不佳，旅館的飲用水是用裝威士忌的酒瓶裝的，一打開味道就不好；因為口渴，我勉強喝下去，第二天一定拉肚子，向旅館反映也沒用，後面送上來的水，一定又是壞掉的。拉肚子，人不舒服，當地也沒有中餐館，只有印度餐，只能勉強果腹充饑，待在那幾天，對我的腸胃和心情稱得上是種考驗。

看到尼泊爾當地的環境，我不免會想人類韌性是很強的，到哪裡都可以生存。我因為有機會去那裡做生意，看到他們就會覺得自己是很幸福的一個人，更懂得惜福，也讓我想有餘力可以去幫助更多的人。

忍耐和勤勞的臺商與客家精神　發揮關鍵作用

印度也曾是我的市場客戶。要和印度人做生意，賺他們的錢很難，你必須比他們更聰明，更會精打細算，才能騙得過他們，否則錢不但沒賺到，倒賠都有可能，所以我稱印度人是亞洲的猶太人，幾次交手後，我就不想再和印度人打交道。

因為我做生意的哲學是誠懇實在，需要那種走偏門、機關算盡的做生意方式不適合我，違反自己本性的事情一定是不長久的。

俗話說，讀萬卷書不如行萬里路，也許我天生就是個好奇心旺盛、閒不下來的人，因為做業務開發市場，我去了很多只有在教科書上出現的國家。每個國家都是全新的體驗，不同的風俗民情，就有不同的經商模式，這些不同國家也豐富我的人生，擴大我的視野，也為我賺進財富。

說來有趣，如果要我去跑客戶做生意，再遠再偏僻，我都不會嫌累嫌遠；但是平日就算有時間也很少去旅遊，頂多和朋友打打高爾夫球當作運動，從來沒花錢參加過旅行團。而在開發市場過程中，常會遇到一些困難情況，我都能忍耐下來，善用臺商的韌性和彈性，勤勞地去拜訪一次兩次，把生意談成功。如果我的業務開發能力還算不錯的話，我想忍耐和勤勞的個性特質，必是發揮了關鍵作用。

三、靈活經營思維，調整經商策略

在紡織業打滾大半輩子，我深刻體會到這個行業會有走下坡的一天，原因是紡織業深受能源景氣的影響，例如幾次石油危機的發生都對紡織業造成衝擊；再來紡織業是勞力密集產業，很難用機器完全取代，隨著時代進步，工安意識高漲，也間接讓人力成本增加，因此，紡織產業得不斷外移尋找更適合的地區發展，而每次的遷移不管是資金或是人員訓練都是一次考驗。

所以我開始產生危機意識，心中不斷思索著要跨行到其他產業發展。很幸運地，我憑藉著靈活判斷和調整策略得以成功轉行，讓我可以在新加坡繼續奮鬥下去。

新加坡經濟政策改變　從紡織轉行至冷氣管

六十年代，新加坡以勞力密集產業建立工業發展基礎，在得到經濟成果後，深具遠見的總理李光耀在一九七〇到一九八〇年又喊出「經濟發展十年計畫」，將勞動密集產業限制，轉型為高產值與高科技的精密型工業，首當其衝的就是傳統的紡織業，被新加坡政府取消種種優惠，處境變得艱難。

我先是將紡織轉型為織布，結果還是不符合政策，於是我乾脆將紡織廠遷移到馬來西亞和印尼民淡島；但當地人力有限，營運狀況還是無法提升，只好將紡織業規模慢慢縮小。但是新加坡閒置下來的工廠還是要做有效利用，所以我每天腦筋都在想，到底要做什麼新的行業，最適合我的現況。

危機也可以是轉機，表面上我的紡織廠被新政策影響，但是李光耀政策中的「公共工程五年計畫」大量基礎建設的需求，意外開啟我的人生第二事業的契機。

因為我曾經在日本求學，日語流利，到新加坡後認識不少日本大商社的本地管理幹部，得到很多第一手商業資訊。有一年新年，日本朋友來家裡給我拜年，我準備了好酒好菜招待，他開口問我：「老鍾，你有沒有興趣，我有一個朋友，他也是股東，做冷氣風管的，因為工廠虧很多錢，資金不夠，要不要你拿下來？」

雖然我對冷氣管沒有太大概念，但多年商場訓練告訴我，這個生意也許可以試試看。於是隔天，朋友身上有鑰匙，我和他從後門進去工廠查看。我約略看了一下機器和工廠設備，覺得應該可以做。過完年後談妥頂讓價格，就將這間冷氣管工廠買下來，在一九八五年成立「勵豐」公司，專門做大樓需要的中央冷氣系統通風管，並有機會參與新加坡地鐵第一條線工程。從此，我一頭栽進冷氣管業。

受惠於大量基礎建設　冷氣管開業即賺錢

當時新加坡經濟已發展到一定規模，各種商業大樓和學校機關一棟一棟蓋起來，每間大樓都需要安裝大型的中央空調，所以冷氣管需求量很大。有了市場需求，我是生產製造商，開始精算成本：原料怎麼來？價格合不合理？製造技術有沒有團隊供給？

要從紡織跨行到做冷氣管，家人和友人也曾有疑慮，但我樂觀的想法是以前我做衣服，一個裁剪臺，不管是放一層布或放五十層布，只要設計好了，從袖子、肩膀、背前後，就能剪成一塊一塊的，十五碼長一塊布，剪五十層，有五百件或是一千件衣服出來，這就是設定好規格模式直接量化生產的觀念。我觀察到這和我做紡織一樣，只是布料變成冷氣風管，布料是一塊接一塊變成衣服，冷氣風管是二十米、三十米接起來，我本是機械工程師出身，冷氣風管的銜接技術對我來說並不困難，所以我有信心可以做這個產業，這應該是我轉行成功的第一步。

我向日本人學到技術後，拿出我以往的跑業務精神和日本商社合作，開始供應新加坡各個機關、商場、學校的冷氣風管。那幾年包括六十三層的萊佛士城、七十三層的瑞士酒店、南洋理工大學、新加坡大學、新加坡地鐵、中央醫院等，加上幾百棟完工的商業大樓都用我的冷氣風管。我的工廠是用美國製的設備，電腦切割全自動化，同時附設空氣過濾網，這在當時都是屬於先進的技術，所以工廠生意非常好。由於我跟日本商社打好關係，可以把整個工程包下來，而我的工廠規模並不大，只有三十個員工，人力管銷成本也不高，那幾年真的賺到不少錢。

有錢賺的產業，別人看你賺到錢後也會想進來賺，這是全世界商場不變的法則。冷氣風管在賺到幾年錢後，因為被小工廠低價搶生意，加上被倒了幾筆帳，從賺錢變成虧錢，讓我心灰意冷，也認為該是設停損點的時候了，因此，我毅然決然將冷氣管公司結束。我知道人不能太貪，不能執意奢望它能起死回生，這是最好的時間點停損，當斷則斷。

跨足至冷氣焊條　前面五年虧損苦撐

公司結束沒多久，剛好有朋友告知一家日商在做冷氣管的特殊焊條，是日本和美國合作的技術，全東南亞只有這一家獨門技術，我的專業告訴我這個可以做，畢竟還是和冷氣相關聯。我於是到日本去看了工廠，發現技術、品質都到位，決定投入資本，在一九九三年成立「漢德」焊條材料公司（SAITAMA INDUSTRIES SDN. BHD.），一做就做到現在，已有三十年的歷史。

當然公司剛成立，還在青黃不接的時候，肯定是很難賺錢的，前面五年公司一直處於虧錢狀態，這五年我是用過去做生意賺到所存下來的錢去支付周轉，不管是先行投資的設廠費用，還是人事成本，等於每天一睜開眼睛就是要花錢，舊行業支持新行業，前面幾年總是有陣痛期。至於員工，我把以前舊公司的會計、人事行政都調過去繼續聘用，長年合作下來，我和他們有革命情感，也相信他們的專業，但是技師因為產業不同，無法再繼續任用。

儘管我有人脈，但要跨行畢竟不是容易的事，第一你要有市場，第二要有技術團隊，第三是充裕資金。因為除了要買設備，還要買原料，一次要進貨三百噸，一噸一千塊美金，三百噸就是三十萬美金，可是要做兩三倍的放帳，就是百萬美金原料，等於資金有大部分都壓在原物成本上，可想而知如果沒有相對應的市場銷售出去，我的壓力會非常大。所以如果沒有本錢，真的不要去轉行，非常危險的，萬一失敗的話，會血本無歸。

我敢決定去衝衝看，主要是我精算過，就算這個冷氣焊條事業虧錢，還有以前的紡織業和積蓄可以維持。因為我是比較保守的人，我的理念是寧當有錢人，也不做富豪，我賺一萬塊，就留五千塊起來，只用五千塊去投資，即使虧掉還有五千塊可以生活。我知道有些人做生意喜歡賭大的，一次押上全部身家，這種高風險的投資，我是絕對不會去做的。

經營公司也一樣，現在有五十萬資金，我頂多拿二十萬出去投資，三十萬存起來，萬一新事業失敗了，至少還有周轉金維持員工的開銷，所以我公司規模不做大，一個一百人左右的小公司規模就好。

異地創業不易　創新與靈活為不敗之道

我知道有的人做生意是很敢去賭的，臺灣話常說的，身上只有一百萬就拿兩百萬去投資，而這個多出的一百萬是借來的，贏的話就賭到了，輸的話什麼都沒有了，這不是在做生意而是在博弈。需要賭大賭小，完全是看你的個人智慧判斷。在做任何投資前，我是會顧慮較多層面，不敢賭太大，因我有家人，要考慮他們的生活，萬一投資全部賠掉，可能連小孩都沒飯吃。

在新加坡的創業成本較高，要在這裡立足，一定要有創新和靈活的思維，要生產高附加價值的產品，產品要做到差異化、特性化、多樣化，這樣不管是轉行或是創業才能立於不敗之地。

別人說我保守，可是保守有保守的好處，起碼風險控管較高。我不羨慕人家賺大錢，他只是賭贏了，有的人即使慘賠也不會跟你講，這是一般商場的暗規則，他不對外講財務有問題，人就靜靜地跑掉，很多新聞上的老闆無預警倒閉落跑，就是這樣來的。

我認為自己到現在還可以維持幾十年的企業經營運作並不容易，因為我一向採取保守穩健的策略；而任何投資，一旦我決定去做了，就會承擔結果，至於成功還是失敗，都要自己承受。我看到人家成功不會羨慕他，更不會嫉妒他，因為他有膽量去賭，賭贏了，成功自然是屬於他。

我承認我的理財觀念是偏保守的，因為要投資我也會和銀行貸款，在與銀行打交道的過程中，我會和銀行金融專業人士多閒聊，畢竟銀行接觸的人眾多，很多行業都有往來，多向他們打聽市場情報，是很有用的。例如在新冠疫情期間，銀行最了解哪個行業賺錢，哪個行業虧錢。像我認知紡織業的榮景是永遠不會回來了，我轉行至冷氣管還可以生存發展，所以要跟著政府政策走，這是在海外臺商生存的一個很重要的觀念，一定要靈活有彈性。再者，臺灣政府的國際處境艱困，臺商在異鄉打拚一定要學會單打獨鬥，長時間下來，臺商也比其他國家商人有更多的判斷智慧和靈活彈性，最重要是養成儲蓄的好習慣，讓自己有資金可以渡過每個難關，重新開始。

新冠疫情轉虧為盈　默默耕耘等來春天

這次新冠疫情將近三年，很多行業受到影響，但我的冷氣焊條反而因此受益。因為大家遠距上班，在家工作，沒有冷氣很難受，或是冷氣老舊需要換新，所以從疫情開始，不管是大金、日立、國際，全部冷氣大廠都是加班趕工生產，我的產品也跟著供不應求，每天要加班，這是我的運氣。

前一陣子，我公司成立三十週年慶，我告訴幹部，我們不簡單，前面幾年特別辛苦，但是我們撐下來了。我時常以農家思想思考，那就是默默耕耘，總會遇到春天的季節，你只要一直做，等機會來了，辛苦就有了代價，忍耐個幾年，總有機會到來的一天，我從紡織轉行到冷氣，也是歷經十年才成功。

一九九四年，中國大陸商機蓬勃，因此我將事業範圍擴及到上海做電子零件，跨足到精密工業，投資半導體封裝設備，於一九九五年成立上海「志德」精密工業機械公司。從傳統產業到高科技產業，我向來持續觀察潮流趨勢，我常說可以擇善，但是不能固執，事業有前景，可以做下去，然而一旦不合潮流被淘汰，就要當機立斷設停損，不要盲目地固執，我就是這樣生存下來的。

境外公司做跨國合作　帶動企業創新

至於要轉行，除了技術和資金，也要認清自己能力在哪裡。例如臺灣的紡織業，因人力關係，現在都移到中國大陸和越南加工；而今臺灣轉型為布料創新研發的基地，尤其運動衣的機能布料非常厲害，稱得上是世界第一，像奧運會、世足賽很多國家的球隊衣服都是臺灣製造，產量佔全球機能性紡織品市場的七成。

但我不是學化工的的人才，沒有這方面的研發能力，所以只能轉行做其他我有把握的產業。多年的運作經驗下來，我個人的心得是，高科技中小企業的發展，需要和其他境外公司建立聯盟關係。所以我除了和日本人建立技術合作，還包括與英國、德國、瑞士、法國、美國及韓國等國的相關公司建立夥伴關係。不同的國家合作，有利於帶動企業的創新，帶來正面的成長價值。

從一九七一年底到現在，我在新加坡打拚已超過五十年，原本剛開始只抱著我去試試看的心態，沒想到一待就是半世紀，當時連我太太都不知道在新加坡可以待多久。剛移居時買的電視機、洗衣機的家電紙箱子，她都不敢丟，全都放在倉庫裡，準備兩年後要回臺灣打包裝箱方便。後來小孩念書了，工廠開工也跑不開，我又很重感情，捨不得一起打拚的同事，遇到幾次事業轉折，中間有收穫，也有不為人知的辛酸，就這樣在新加坡一待幾十年，星洲也成為我的第二故鄉。

四、人生兩次劫難，重新審視人生價值

比起一般人平穩的生活，我的人生因為經商關係到處跑，面對的意外和災難機率自然比一般人高，而每次經歷的劫難，都是我人生歷練和成長的一部分，在

看待生命價值時，有了不一樣的體悟，那就是老天既然讓我平安活到現在，就代表祂有重要的使命交給我，讓我有力量可以去幫助更多的人。

遇上新航 SQ117 劫機事件　至今難以忘懷

一九九一年，當時我在新加坡經營工廠，朋友找我去馬來西亞的吉隆坡買一間要頂讓的旅館「亞洲大旅店」。我從來沒有做過旅館事業，這間旅館很大，有兩百多個房間，且地點是在市中心，我覺得應該是可以賺錢的事業，我和公司都有出資，但我個人出的錢不多，所以我代表公司成為飯店執行董事，主要是負責管理財務，因此每個星期四都要和兩位董事去簽支票。由於距離不遠，我選擇搭飛機一天來回，早晨去晚上回來，即使飯店有為我保留一間客房，但從來沒住過。

一九九一年三月二十六日，一個我一生中永遠也忘不了的日子。當天我處理好公務，在吉隆坡梳邦機場搭上新加坡航空 SQ117 晚上九點多的班機準備回家，我坐的是頭等艙，一向準時起飛的班機，因為有四名乘客延誤登機，飛機還誤點了。過沒多久，飛機起飛不久後，我聽到經濟艙那裡傳來大吼大叫的聲音，我不以為意，接著一位異國男子竟拿著刀到頭等艙，用異國腔調的英文要乘客全部到經濟艙，此時我心裡大喊：「完了，我這輩子完了！我竟遇上劫機了！」

曾看過電影的劫機畫面，像是歹徒引爆炸彈、飛機解體、無人生還的影像不斷從我腦海中閃過，而飛機下是麻六甲海峽，我心想：如果飛機在空中爆炸，直接墜入海中，不知多久才會被打撈上來？從劫匪的口音，我一聽就知道應該是巴基斯坦人，因為我去過巴基斯坦經商多次，知道他們講英文的腔調，所以我判定劫匪是巴基斯坦人。

清潔袋上寫好遺書　告別家人和同事

我和其他頭等艙乘客被帶到經濟艙，然後坐在他們指定的座椅上，安全帶綁起來，空服員被劫匪命令坐在地上。劫匪共有四位，一個看管駕駛艙，一位守著空服員，另外兩個看管乘客。劫匪很凶地對我們說：「你們乖乖地給我坐好，不要動，要去洗手間要舉手，一個人去，回來坐下來，其他人才可以舉手再去。」

大家都不敢出聲，只能乖乖照做，因為劫匪手上拿的像是炸藥的東西，我的耳邊不停傳來「阿門」、「阿彌陀佛」低聲的祈禱。也許我當過兵，所以比起一般乘客要鎮定，當時我心裡想，既然我的生命就到此為止，也要留封遺書給我最愛的家人和公司同事，我於是用飛機上紙質的清潔袋拿筆寫下：「**我對人生很滿**

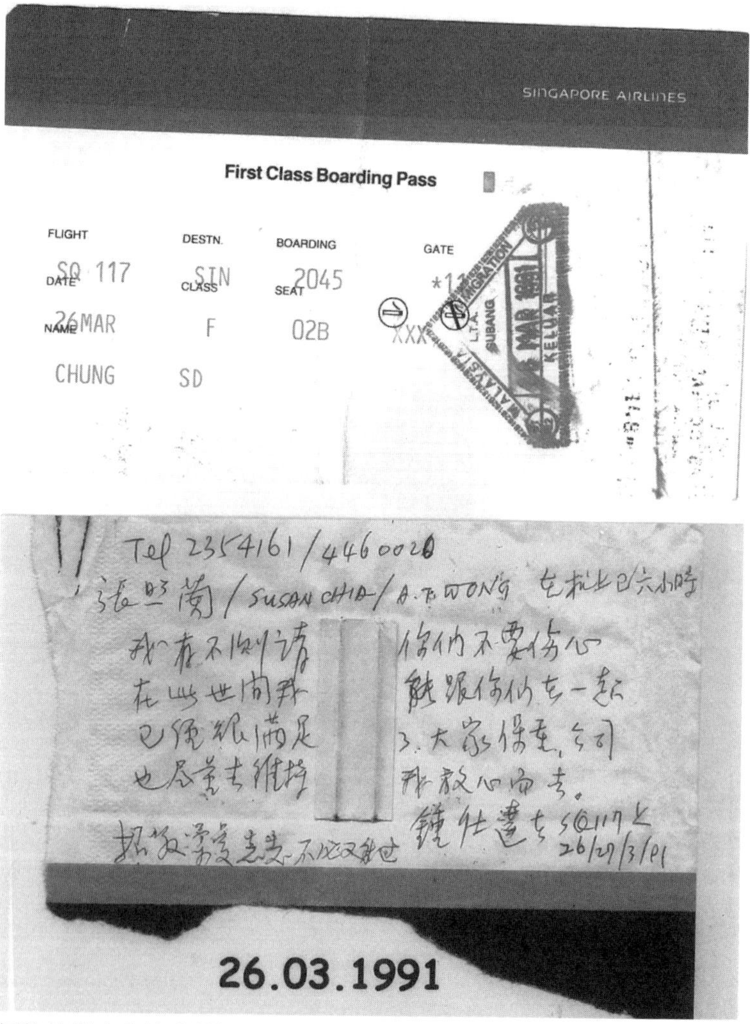

新航劫機事件的登機證及寫給妻子的遺書

意了，你們要努力下去，公司要繼續經營，經營到你們認為不行再處理。」這封遺囑事後被我太太留下來，我還保留至今，也算是一項歷史事件的紀念。

機長在被挾持時已經透過塔臺通知狀況，所以晚上十點二十四分飛機一降落在新加坡樟宜機場，停機坪上包括警察、國防部、內政部的官員、新航代表和談判團隊都已將飛機包圍起來待命。事後我從新聞上得知劫匪是巴基斯坦人民黨黨員，他們要求與巴基斯坦駐新加坡大使與巴基斯坦前總理布托對話，要求釋放正在巴基斯坦服刑的布托丈夫和八名人民黨黨員，還要求飛機加滿油，飛往澳洲雪梨。

機艙內的緊張氣氛升到最高點，雖然我們的飛機安然落地，但所有乘客和機組人員都是劫匪的人質，只能坐在椅子上和地上不敢動彈。劫匪開始問我們誰是新加坡人，有新加坡人舉手，我也跟著舉手。劫匪揚言說他每隔五分鐘要殺掉一個新加坡人，而我是排第三個，此時整個恐懼包圍住我。

目睹空服員被劫匪丟下飛機　揚言要殺人質

過了一會兒，大約晚上十一點三十左右，我看到劫匪開始毆打航空少爺，把他從四點五公尺高的飛機閘門丟出去。半小時後，劫匪直接從頭等艙拿來很多瓶酒，澆在飛機駕駛艙和控制面板上，說要放火燒掉飛機，大家都很害怕。機長和一名美國籍乘客與劫匪爭論，下場就是被毆打。

也許談判進展不順利，劫匪採取更激進手段，開始在駕駛艙地板上點火燒報紙，威脅要燒掉飛機。眼看事態發展越來越危險，談判人員為顧及飛機上超過一百條的人命，同意讓飛機加油，才讓劫匪同意滅火，否則一直燒下去，後果不堪設想。

接著客機移動到加油地點，因為第一位被丟出的空服員向警方報告艙內狀況，才有後面的救援行動。政府單位做過種種評估後，讓特種部隊摸黑潛入客機內。這時我看到劫匪在毆打座艙長，隨後也是被丟出飛機外。

談判人員和劫匪依舊僵持著到早上六點多，依舊沒有大進展，劫匪也失去耐性說，他們給出五分鐘最後時間，威脅說如果不按照他們的要求，他們就每十分鐘殺害一名人質。折騰了一夜，大家都已累得昏昏欲睡，將近早上七點時，我感覺客機右側有動靜，接著就看到特種隊隊員攀上客機，先炸開機門，再往機艙扔閃光彈，大喊要大家低下頭。我一緊張，伸手鬆開安全帶，想趕快躲到座位底下，隨即被衝鋒槍抵住——「不准動！」一抬頭，原來是特種部隊，心中不住感謝老天，我們終於得救了。

四名劫匪三十秒內全部擊斃　機上人員全部平安獲救

沒多久，四周槍聲此起彼落，四名劫匪全部在三十秒內被擊斃，機上全員平安，包括兩名被推下客機的空服員。後來我才知道在與劫匪拖延的三小時談判時間中，機警的新加坡政府連忙在機場另一架空中巴士客機上進行救援演習，特種部隊才得以精準、迅速地將劫匪制服。整個危機在八小時解除，新加坡政府明快果斷的做法贏得國際一致好評，機長和首席警察談判代表還獲得政府頒發的公共服務勳章，武裝部隊特種部隊也獲頒英勇勳章。

當我走出機艙時，內心激動無比，原本以為自己生命就停留在此，沒想到自己真的在鬼門關前走一回。我內心非常感激新加坡政府的效率與智慧，另一方面也重新審視自己的人生價值，那就是在有生之年要盡力去做自己覺得有意義的事，因為人生充滿了意外，不可知的變數太多。二〇一五年是新加坡建國五十週年，當地媒體在尋找事件的目擊者，我還主動聯繫還原當年的驚險八小時過程。

經過這件事後，有很多人問我，會不會害怕再搭飛機，我的答案是不會，畢竟這種機率太低了，人生難免會遇到一些突發事件，所以訓練自己臨危不亂，遇到事不慌張、鎮定才是最好的應對之策。

日本東京遇上地下鐵毒氣殺人事件　逃過一劫

原以為新航的劫機事件，應該是我此生中僅此一次的世界級災難，沒想到四年後，我在日本又遇上一次。

一九九五年我和日本東京的股東合作在馬來西亞柔佛州開設一間特殊銀焊條工廠，這間公司的產品都是直接銷售到日本的冷氣機公司，像是大金、三菱、松下等大廠。

三月二十日，我像往年一樣赴日本開會，住在銀座的東急大飯店。當天吃完早餐後，日本股東公司派了董事服部先生來接我，他原本提議說要搭計程車，我說因為旅館就位於銀座線地下鐵站旁，交通很方便，坐計程車反而會在路上塞車，坐地鐵比較快。因為離開會時間還早，我跑上樓去拿皮包，一位日本朋友太太打電話到我房間來，問有沒有看到他先生，並提醒我新聞說地下鐵有人放毒氣，要我小心到車站。我一聽心裡覺得有點不妙，以為只是有人惡作劇，還不知事態如此嚴重。

我走到車站口，看到很多警察車停在那裡，銀座的地下鐵有四層，B1、B2、B3、B4，我坐的車是在B3，結果電扶梯還沒到B2，就看到一堆人神色慌亂摀著嘴衝上來往出口跑，而且已經有人倒在地上。冒著煙的毒氣一直冒出來，人只要一吸到就會倒下來。我一看情況不對，和服部先生也趕快往上跑，出地鐵站就看到警察一大群包圍住，救護車也來了好幾輛。

這種沙林毒氣殺人非常恐怖，人一吸進不是昏倒就是直接死亡，且作案歹徒故意挑在平日上班上學最繁忙的時間施放毒氣，當天的東京地下鐵不但系統大亂，受傷人數多得驚人。我很幸運逃過一劫，如果我早五分鐘買票走進地下鐵，可能已經遇害了。我走回飯店後，打開電視看新聞報導，確定一切安全沒問題，平靜好自己情緒後，我還是坐上計程車去開會；只是當天大家也沒什麼心情開會，乾脆買啤酒來喝。

這起東京地下鐵沙林毒氣事件是日本邪教奧姆真理教成員犯下之本土恐怖主義行動，當天主要攻擊點集中在千代田線、丸之內線、日比谷線，尤其是中央政府霞關站，死傷最為慘重；我原本要搭乘的銀座線也是攻擊點之一。事後統計，因吸入毒氣而死亡的有十四人，高達六千多人受傷。最終，主謀麻原彰晃和其他九名成員教徒全被判死刑，五名共犯被判無期徒刑，整個司法判刑也走了十多年，直到二〇一一年才結束。

撿回一條命　投入社團和社會公益

像我這樣到處到不同國家經商跑業務的生意人，面對危險的機率遠比一般人來得高，例如：之前我到阿富汗時，也是遇上當地政變，連要買張機票都不容易；一九九八年五月印尼發生排華暴動事件，短短三天時間，上千位華人被殺害，當時我人正在印尼萬隆，為了避免危險，我哪裡都不敢去，只能住在旅館避難，三餐飯還是由朋友每天買來送進旅館給我吃。

幾十年下來，我遇到大大小小的災難事件好多次，但我認為既然自己選擇做了生意人，不可能只待在辦公室，只能隨時提醒自己保持危機感，只要一踏出家門就做好面對意外的準備。但也許是我當過兵受過軍事訓練之故，遇到事情時也會比一般人冷靜沉著，臨危不亂。然而每次歷劫歸來，也像是撿回一條命，這讓我堅定相信是老天有更重要的使命讓我完成，因此，在經商外，我將其餘時間奉獻給社團，投入社會公益，幫助更多需要的人。

第四章
處世・智慧

一、人在海外，心在家鄉

在海外打拚超過五十年，我深切感受到在異鄉組織同樣血緣、同塊土地出來的鄉親，集合眾人的力量，成為一個有影響力的團體，為同胞服務，是非常重要的事。因此，一九九一年，我與一群熱心的臺商共同組成「新加坡臺北工商協會」，這對我和來自臺灣在星洲共同打拚的鄉親具有非凡的意義，既能為會員與世界各地臺商搭起一座交流的橋樑，也帶動了全球市場的推廣與會員的學習成長。

有了「新加坡臺北工商協會」成功的經驗，二〇〇五年我組織新加坡來自臺灣的客家鄉親成立「新加坡臺灣客家同鄉聯誼會」，希望藉由這個團體發揚臺灣的客家文化。這兩個在新加坡重要的臺灣社團最重要的宗旨是將臺商和客家文化中的勤奮樸實精神散播到全世界每個角落。

組織「新加坡臺北工商協會」社團　聯絡海外鄉親情感

新加坡是一個多元種族的國家，人口組成有華人、馬來人、印度人等，我有感於臺商在異鄉打拚需要一個屬於自己同胞的團體，除了聯絡感情，也可以集合大家的力量投入公益，聯絡情感。因此，一九九一年我和一群熱心的臺商共同組成「新加坡臺北工商協會」，由我擔任創始副會長與文教組組長。在工作之餘，我與社團同仁舉辦很多活動，像是企業管理講座、名人演講等，也曾邀請過曾仕強教授、成中英博士來演講。一九九四年我們協會與《聯合早報》共同舉辦「全國小學生華語講故事比賽」，用有限的資源，動員全體理事，花了三個月時間籌備，花費不少心力；可喜的是，活動非常受矚目，吸引了全新加坡一百多所小學派代表參加，還開啟了與新加坡本地企業合作的契機。

一九九五年我透過當時中華民國駐新加坡代表邱進益大使的牽線介紹，邀請前中研院院長李遠哲博士到新加坡的烏節酒店演講，題目是〈迎接新世紀挑戰的臺灣教育改革〉，這場演講同樣受到很大的注意，當天不少中國留學生與學者來聽講座。

「新加坡臺北工商協會」中有很多臺商和他們的另一半都喜歡唱歌，且唱得也不錯，我心裡不禁想：何不把他們組織起來成立個合唱團呢？於是二〇〇一年我創辦了「華星」合唱協會，除了能做公益、社區服務，還可藉由合唱團達到文化交流目的。

由於團員大都沒有專業音樂背景，我特別找來著名的歌唱家林俐瑩擔任指揮和聲樂指導。有了專家的指導和團員對歌唱的熱忱，團員歌唱技巧大為進步，我們合唱團開始接到很多新加坡團體的演唱邀約，像是新加坡光華劇院的《毋忘我之夜》音樂會、新加坡理工學院大禮堂舉辦的《新加坡華文合唱交流會》等，甚至還有臺灣、泰國、印尼、馬來西亞的演唱邀請。這些難得的文化交流經驗，讓團員留下許多美好的回憶。

擔任「亞洲臺灣商會聯合總會」總會長　增廣個人視野

也許鄉親看我對社團事務積極熱心，一九九九年推舉我擔任「亞洲臺灣商會聯合總會」總會長。同年十一月在新加坡舉辦亞總第七屆第二次理事會，我特別邀請來嚴長壽先生以〈一分夢想萬分執著〉做專題演講。值得一提的是，邀請嚴先生做專題演講的過程可說是十分曲折：第一次我和他約在臺灣碰面時，當天竟遇到大停電，號誌燈也跟著停電，嚴先生剛好塞在路上無法到飯店；第二次約見面時，竟又遇到颱風淹水，他無法前來；第三次見面時我把握機會，將我自費買的三百本嚴先生的著作《總裁獅子心》，請他當場簽名，準備送給亞總的理監事們。後來嚴先生如期來到新加坡演講，我也算了卻一樁心願，證明做事只要有恆心和毅力，就可以成功。

二〇〇六年我擔任行政院僑務委員會僑務委員與「全僑民主聯盟」分會長時，主辦多場名人專題演講，邀請多位臺灣政治人物和學者來新加坡演講，包括當時還是立委身分的蔡英文總統、當時是學者的陳建仁院長、林碧炤教授、江炳坤董事長、余光中教授、羅文嘉主委等人。這些臺灣學界、政界人物來到新加坡演講，讓身處異鄉的臺商非常高興，參與度都很高；因為我們雖然身處異鄉，見到故鄉的人物來訪，倍感親切，聽他們在演講時提及臺灣的狀況，彷彿家鄉離我們也不遠。

在擔任亞洲臺商總會長期間，因為是聯合亞洲十一個國家的臺商，在與不同地區的臺商交流往來後，不但增廣了我的視野，接觸面也更寬更深了。團體裡面有數百位理監事，每年至少聚會兩次，其間也認識了不少臺灣政界的官員，他們每回來新加坡，亞總都有榮幸負責接待。當我回到臺灣，他們也都請吃飯，一來一往間，就成為朋友。雖然我個人喜歡交朋友，但是對於人情世故冷暖，我一貫是淡然看待。

看盡官場冷暖　交友重在誠懇

官場人物在外應酬交際，免不了要說說場面話，像我就聽到不少：「鍾先生，你回來臺灣，一定要找我！」語氣無比熱絡，等我真的回到臺灣與對方聯絡了，對方卻答：「哪一位鍾先生？想不起來了！」所以我多年交朋友的原則是，志同道合，談得來的一兩位，固定來往即可，不會特別在意身分位階，畢竟交朋友重在一個緣分與誠懇，兩者都具備了，才能交往長久。

在國外臺商與國內政界往來較多的單位通常是經濟部、外交部，還有僑委會，現在還多一個客委會。僑委會是服務海外的臺灣人，不管是外貿還是投資，都可以經由僑委會介紹到經濟部，我非常感謝僑委會對海外臺商的照顧。

因為擔任亞總總會長的關係，平日的交際應酬也跟著變多，認識很多朋友，然而每次到不同國家去出差洽公，我都不敢聯繫友人，因為一打電話飯局就推不掉，出差要談生意，不能天天吃飯。所以後來只敢找自己的客戶，要等到星期天有空，才會找臺商朋友見個面。

很多人認為當了臺商會長社會地位又提高一階，其實並沒有什麼，對我最大收穫就是視野高度不一樣，接觸的人脈不同。每回人家稱我總會長，我說我姓鍾很吃虧，鍾總會長唸起來很拗口。就像以前工作時，我說不要當總工程師，「鍾總工程師」很難唸，我說不要「總」字，簡單稱為工程師就好了。現在當總會長，「鍾總會長」一樣難唸，我說：「就不要了，總會長就好了。」

我認為總會長的角色定位，除了舉辦活動促進會員間的交流，增進團體影響力外，在必要時也能為會員在遭受意外時，提供援助。二〇〇〇年時，在柬埔寨經營混凝土生意的當地臺商協會會長李志鑫被人槍殺身亡，這在當地僑界是很大的新聞。李志鑫熱心助人，為人豪爽，所以在柬埔寨經商的華人都對他印象很好。我以亞總總會長的身分去靈堂上香，原以為待個兩天就能回來，沒想到竟被推舉為治喪委員會主委，而當時同樣也在柬埔寨經商的臺灣竹聯幫精神領袖陳啟禮則是副主委，辦完李志鑫的喪事後，亞總後來還一起為李會長的孩子募款，而陳啟禮仗義的性格，也讓我留下深刻印象。

語言相通　有助於臺商在新加坡打拚

嚴格定義來說，我算是新加坡的第一代臺商，以前政府資源較少，很多時候都要靠臺商單打獨鬥和當地社團的力量。現在的臺商，跟以前我們那種「一卡皮箱走天下」有很大不同；現今的臺商，本身就具備學有專精的技術，教育程度也較高，很多都是留學美國、德國、日本、英國的海歸菁英，精通數國語言，國際化程度比起上一代更早，更有利於他們在國外經商，所以現在臺商跟以前不一樣。

早期臺商教育程度比較低，沒有機會讀書，因為以前臺灣的大學很少，要考上大學非常不容易。而臺商選擇在新加坡打拚的最大優勢，除了自己有技術，這裡華人多，語言相通，新加坡憑著地理位置很早就走上國際化，得以成為世界的商業中心與金融中心，很多世界級大企業都會在新加坡設立分公司。

新加坡政府的政策也是歡迎國外高科技公司來投資，臺商在那邊可以利用這個環境與世界接軌並發展事業，這是臺商在新加坡最佔優勢的地方。而且相對於臺灣，新加坡不需要花太多精神與資源在政治選舉上，不像臺灣每隔兩年都要進行一次選舉，從縣市長到總統。而新加坡每四到五年才有國會議員大選。

成立「新加坡臺灣客家同鄉聯誼會」　建立聯繫感情橋樑

離開臺灣多年，但對家鄉的感情還是一樣濃烈。我是道地的客家子弟，在國外心心念念就是想為故鄉貢獻自己的一點心力。二〇〇五年我組織新加坡來自臺灣的客家鄉親成立「新加坡臺灣客家同鄉聯誼會」，建立聯繫感情的橋樑。新加坡華人佔比高達七成，可分為福建人、客家人、廣東人、潮汕人等，而客家人又因為來自地區不同，可再細分為廣東梅州、惠州、潮州府和福建汀州、武平、永定、臺灣等不同地區。這些早期來自廣東、福建的客家人已在新加坡有了屬於自己的社團，並且歷史悠久，例如「南洋客屬總會」、「茶陽大埔會館」、「興寧同鄉會」、「豐順會館」、「惠州會館」、「應和會館」、「河婆集團」、「永定會館」等，唯獨臺灣客家人缺少一個屬於自己家鄉客家人的組織，所以才有組織同鄉聯誼會的構想。

我希望在海外發展的臺灣客家人，即使人在異鄉也不要忘記客家人的精神，傳承客家文化，所以藉由這個同鄉聯誼會鼓勵說客家話與身為客家人為榮，並且我也積極與新加坡各個客家社團組織作交流。二〇一三年年底，我和新加坡歷史最悠久的客家團體「茶陽大埔會館」慶祝創會一百五十週年，該館首度邀請臺灣客家文化表演團體赴新加坡演出，「鄭榮興戲劇團」和「美江舞蹈團」以融合傳統與現代的舞蹈，驚艷新加坡觀眾。

要爭取這個表演機會並不容易，因為中國大陸團體出國表演一向很積極，我當時與「茶陽大埔會館」接洽時，極力推薦臺灣團體表演，爭取家鄉曝光機會，否則機會就全被中國大陸拿走了。當天節目表演非常成功，我也深感榮幸，彷彿也為臺灣爭取到了一個小小的曝光機會。

我一直相信集合眾人的力量做事，一定比一個人來得有效率，擴及面也會更大。「新加坡臺灣客家同鄉聯誼會」運作六年後，得到不少好評；二〇一一年，進一步在臺北成立「亞洲臺灣客家聯合總會」，共有新加坡、香港、泰國、印尼、越南、馬來西亞、日本、菲律賓、汶萊及柬埔寨等十個國家地區的客家社團共襄盛舉，由我及張榮富先生分別被推選為創會總會長及祕書長，其他各國社團代表則擔任副總會長，主要是繁榮亞洲地區客家文化，凝聚亞洲客家鄉親的情感，強化連結，提升客家文化在國際舞臺的能見度。

「亞洲臺灣客家聯合總會」已經成為臺灣客家在東南亞相當重要的組織，除了傳承客家文化外，並用客家精神與政府合作，為臺灣在國際社會發聲，是非常重要的貢獻，可以說亞臺客總是東南亞國家認識臺灣的第一印象，目前我們這個組織已傳承十二年，並選出第五屆的總會長。亞臺客總的懇親大會更成為客家文化的盛事，吸引世界各地的客家人和文化愛好者，共同參與各種客家文化活動，包括論壇研討、藝術表演和展覽，以及品嚐道地的客家美食，參與的人分享著關於各地客家文化的故事，積極參與文化的傳承和推廣，顯示客家子弟對家鄉的向心力。

重視宗族情感　每年必回鄉掃墓

我人在新加坡，心還是在家鄉。客家人是非常重視宗族情感的，每年不管生意多忙，我一定在清明節回故鄉祭祖；看著各房親族子弟，四代人從世界各地回到屏東團聚，心裡感到非常欣慰，一代代地傳承下去，延續客家的香火。我每年回去掃墓祭祖的傳統，因為刊登在媒體，不久後被列入國中社會科教材，我個人感到非常榮幸；尤其邁入工商社會，家庭功能與情感日漸淡薄，這種緬懷祖先、慎終追遠的美好傳統文化，不應讓它消失。

萬巒和臺灣所有小鄉鎮一樣，因為缺乏更好工作機會，多數年輕人都離開家鄉到大都市工作，人口外流很嚴重，留在家鄉的大部分是老人和小孩。萬巒鄉從一九七六年人口最高峰的兩萬七千多人一直下滑到現在不到兩萬人；我看到這裡很多獨居老人，身邊沒有子女，行動也不方便，只能從早上就坐在門口看外面的行人看一整天。

也因為子女不在身邊，沒有車輛接送，他們連生病要到醫院就診都有困難，後來萬巒鄉公所發起「萬巒幸福計程車」活動，由鄉公所買來車子，支付司機薪資，方便載這些老人家到醫院看病。但是募款很不順利，我也捐了新臺幣二十萬元，以實際行動支援林國順鄉長，後來才好不容易募得一百三十萬元一部車的金額。通車典禮時，我受林國順鄉長邀請上臺剪綵，內心很欣慰。另外，我是萬巒國小第四十屆的畢業生，以前我曾設置多年的獎助學金鼓勵優秀清寒學生，也捐款提供學校添購教學設備。

往昔，不少偏鄉遊子在外打拚事業有成，回到老家買很多的地，蓋漂亮大房子，發大紅包，人稱衣錦榮歸；但是我認為把國外學到的東西帶回來，並回家鄉做慈善工作，幫助需要幫助的人，才叫衣錦還鄉。因此，雖然我在國外多年，但隨時告訴自己不能忘本，勿忘自己不僅是臺灣人，更是屏東萬巒客家人。實際上我在國外發揚的臺商精神無疑也是客家精神的延伸，我相信：「當家鄉好，我在國外才會好。」一個人的根，無論如何是不能丟掉的。

二、與政治人物的接觸

因為擔任「新加坡臺北工商協會」、「亞洲臺商總會」的總會長與僑委會僑務委員關係，讓我與國內政治人物有了較頻繁的接觸，尤其是與四位民選總統都曾會面來往，他們各有不同性格，也莫不反映在他們的從政之路上。與政治人物往來，我一律是抱著平常心看待，我發現這些政治人物能在政壇上平步青雲，不論是做人還是做事都有過人之處，值得我去學習。

駐新加坡代表邱進益　長年往來建立私交

長年在新加坡經商，與僑界接觸最多的臺灣政治人物，自然是駐新加坡代表。一九九四年到一九九六年的大使是邱進益先生，這時期剛好也是我擔任「新加坡臺北工商協會」的副會長任期內，與他自然有了較多的往來。邱大使略小我幾歲，為人熱心，對僑胞事務一向積極參與，像是每年協會都會舉辦中華民國的雙十國慶晚宴和農曆春節團拜，都可見到邱大使的身影。

邱大使早年畢業於政大外交系，是位優秀的外交專業人才，一心要為中華民國外交事務貢獻一己心力的他，一九六一年以外交特考身分考入外交部，歷經駐馬爾他大使館二等祕書代辦、歐洲司科長、駐奧地利代表處副代表、歐洲司副司長、駐瑞典代表處代表、外交部禮賓司長、外交部新聞文化司長兼發言人、駐史瓦濟蘭王國大使。

以前在蔣介石總統時期，要當外交部禮賓司司長可是一時之選的傑出人才，因為禮賓司負責外賓接待、政府高層出訪與禮賓作業之規劃協調及執行，可說是國家的門面，所以擔任這個部門主管條件頗高，需要口才好、外語流利、長相體面、反應快、做事細心。後來由於邱大使表現優秀，深得當時李登輝總統的賞識，一九八八年被調去當總統府的副祕書長；一九九三年李總統又將他派去當海基會的副董事長兼祕書長。一九九三年兩岸政治界的大事就是四月份在新加坡舉行的「辜汪會談」，臺灣派出的代表是海基會董事長辜振甫，中國大陸則是海協會會長汪道涵，而「辜汪會談」的事前籌備就是交由邱進益與海協會常務副會長唐樹備共同協商而來。這麼重要的歷史任務交付給邱進益執行，可見李登輝總統對他的看重與信任，的確是相當不簡單的事。

邱大使可以完成這項兩岸劃時代的會談，我想這與他的生長背景與性格有大關係。他是舟山群島人，小時候家裡窮，靠著苦讀考上政治大學，又憑著實力沒有背景考進外交部，從一位科員高升到五十二歲當上大使，中間的歷練讓他養成圓熟、練達、謹慎的性格。他說雖然在新加坡擔任代表只有兩年半的時間，卻是他一輩子外交生涯中，最快樂的一任；而他也是我少數至今還會見面敘舊的政壇友人，每次回臺看到邱大使，與他聚會吃飯，也是我回臺灣最開心的事情之一。

一九九九年，我擔任亞洲臺灣商會聯合總會總會長時，成立了「華新聯誼會」，由邱進益擔任會長，我擔任總幹事。每年七月新加坡臺商返臺開會，都會與曾駐新加坡的長官聚敘。後續幾任中華民國駐新加坡代表，包含胡為真、史亞平、郭時南、謝發達、梁國新，以及現任的大使童振源，都是非常優秀的人才，我也與他們維持著良好的友誼。

心繫臺灣經濟發展　江丙坤格局遠大

另一位讓我印象深刻的政治人物是曾擔任過經建會主委、經濟部長、海基會董事長的江丙坤。我和他結緣是在一九九三年七月，他剛接任經濟部長沒幾個月，就親自率領臺灣的商界代表參加在新加坡舉辦的「雙邊經濟會議」。這是由中華民國國際經濟合作協會與新加坡工商聯合總會共同主辦的經濟會議，是兩國每年共同主辦的雙邊聯席會議。會後江部長在文華飯店與當地臺商幹部、僑界友人辦座談會，當時我和臺灣外貿協會駐新加坡辦事處的劉錫威主任負責場地和接待。

兩岸政治氛圍敏感，我和劉主任最頭痛的就是不知講臺上是否可插國旗，為此，我還特別向酒店負責人請教，但他們也不敢作主，所以直接叫我們去問警察局。幸好警局說可以在室內插中華民國國旗，室外則不行；後來這個傳統一直在新加坡僑界辦活動沿用至今。那天在座談會上，江部長非常關心臺商在新加坡的發展情況，將他謙虛不自傲的性格、做事細膩不含糊的做事態度展露無遺。

這次會面，讓我對江部長印象極好，他留了聯絡方式給我，我有時會針對經貿問題請教他，他在百忙中定會抽空回信。一九九七年六月六日，在他要接任經建會主委前兩天，他在給我的信中寫道：「我們要堅持開放，大幅鬆綁，釋放民間活力，發揮臺灣的優勢，引導企業立足臺灣，聯結亞太，布局全球。」從這封信可看出江部長對臺灣經貿發展的過人遠見與胸襟，不受意識型態綑綁，只想為臺灣經濟找出路，此種格局與眼光，實為臺灣政治人物少有。

二〇〇三年六月，江丙坤擔任國民黨副主席，我以臺商名譽會長身分邀請他來新加坡向臺商發表演講，講題是〈當前臺灣經濟情勢與對策〉。演講前，我與江先生談了不少星洲臺商對國內經濟的期待與隱憂，他針對我的問題都耐心回答，鼓勵我好好打拚事業，他相信政府會有辦法可以振興臺灣的經濟。身為臺灣經濟發展的推手，江先生從臺灣的經濟奇蹟談到未來的發展，提出他個人獨到的見解，贏得全場聽眾熱烈掌聲。

時間來到二〇〇八年十二月，江丙坤當上海基會董事長，雖然是兩岸大使，但他依然關心在海外打拚的臺商。當年亞總理監事聯席會議在菲律賓馬尼拉舉辦，江董事長應邀出席向全體臺商發表專題演講。會議結束後，江董事長應新加坡政府高層邀請，訪問新加坡。由於這是他擔任海基會董事長以來第一次正式訪問星洲，我陪著他一起到新加坡。為了這次訪問，江董事長從飛機上即開始閱讀大量資料做準備。第二天江董事長在拜會完內閣資政李光耀與國務資政吳作棟，亞總理監事們為他舉辦簡單而隆重的餐宴，一整天行程下來，他依然精神飽滿與每位臺商幹部、僑界代表談話，關心每個人的狀況，讓每位與會來賓倍感窩心與溫暖。

客家大老吳伯雄　對客家事務推動不遺餘力

另一位和我較常往來的政治人物是客家大老吳伯雄先生，我後來與他有深交，是因為每次只要有客家大會相關活動，他都一定前來參加，給我實質上的支持，讓我非常感動。二〇一四年傳出他中風的消息。同年「亞洲臺灣客家聯合總會」要開大會，我打電話給他，告訴他活動日期和地點；在電話中，他並沒有透露自己健康狀況。後來他的祕書偷偷告訴我：「你要保密，我跟你講，他中風兩個禮拜了，行動不方便，所以一個半月後的活動，統統取消，沒有辦法參加，你不能講喔！」

伯公這生都心繫國民黨和客家事務。我記得二〇〇八年馬英九當選總統那天，馬英九開了一個感恩晚宴，我在餐廳看到吳伯雄單獨一個人唱〈感恩的心〉，真情流露，我都忍不住熱淚盈眶。因為他將黨主席位子交棒給馬英九，也成功將他推上總統大位，重新拿回國民黨的執政權，這一路走來真的不容易，也可看出伯公對國民黨深厚的情感。

後來伯公中風的消息還是在政壇傳出來。二〇一四年連勝文出來競選臺北市長，看到他拄著拐杖出來站臺催票，我覺得很不應該，他尚未康復就出來，旁人不免擔心他的健康；但我相信伯公只要國民黨有需要他，他一定是義不容辭，全力相挺。

李登輝總統守護臺灣主權　了不起的政治家

作為旅居海外臺商與臺灣政界自然有較密切關係，除了上述的三位老友，還包括與前總統李登輝、陳水扁、馬英九、蔡英文都有接觸，甚至有一些私交，我個人是抱著平常心看待。尤其從一九九一年起，我接連從「新加坡臺北工商協會」的副會長、會長到亞總的總會長與臺灣總統有來往，就此建立關係。一九九九年我在臺北接下亞總的總會長位置，榮幸獲得當時總統李登輝的接見；因為我們都喜歡打高爾夫球，偶爾見面就會採球敘的方式。

李總統是位了不起的政治家，飽讀詩書，非常有內涵，他對臺灣民主自由的推動與經濟發展成就受到全世界的推崇。我拜讀他的著作《臺灣的主張》，書中透露出對臺灣深切的關懷與熱愛，讓我非常佩服。

李總統雖然是受日本教育，但非常尊重另一半曾文惠女士，很聽太太的話。有一次相關單位安排好了我們幾位臺商和李總統打球，但是當天他有些感冒，曾文惠在一旁就說：「你有點感冒了，不要去打球，在家裡我泡咖啡給你們喝，你們覺怎麼樣？」原本李總統還是執意想去打球，但是我們覺得不太好，就說：「總統，您感冒還要打球不好，就照總統夫人的意思，下次再打球，今天球桿先放下來，喝咖啡吧。」後來球敘就改為喝咖啡與總統聊天。即使在輕鬆的談話中，李總統仍不斷提及未來臺灣前途走向，見解獨到，學識豐富的他，讓我受益良多。

阿扁總統驚人記憶力　塑造問政專業形象

至於陳水扁總統，我只有短暫會晤過。他腦子動得非常快，有過目不忘的驚人本事，應該是最聰明的一位總統。

我記得在那次與臺商會面中，他提及以前在當立法委員時，是屬於國防委員會的委員，會期最重要就是審議諮詢國防部的預算，審預算前要先開會，國防預算有很多張表格，密密麻麻的數字，會先讓立委過目，阿扁總統就用他驚人的記憶力當場背下來，然後再去洗手間趕快把數字抄在紙上，抄完出來，繼續開會，再繼續盯著報告預算表，背一背，又去上廁所做小抄，幾趟上廁所時間，就把預算全部抄起來。

旁人不解看他一直上廁所，他解釋因為茶喝多了。等到下個禮拜國防預算諮詢的時候，直接在臺上講出一連串預算數字，然後再質問國防部長：「這數字怎麼算出來的？」當場讓國防部官員嚇一跳。也因為這種專業形象，讓他一路仕途順遂，政治魅力十足，我想後來的政治人物應該很難再超越他這種神奇的際遇。

馬英九訪星大轟動　差點訂不到餐廳

我與馬英九前總統第一次會面是在二〇〇七年，他來新加坡拜會總理李顯龍與資政李光耀。當時國民黨中央黨部特別打電話給我，要我照顧馬英九準備僑宴。這雖然是馬總統第二次來新加坡，但他當時已被提名參選總統，且勝選機率很高，是臺灣最有名的政治明星。馬英九來訪，是新加坡的大新聞，當地所有媒體都出動，所以我一打電話問僑界報名人數，大家都踴躍參加，桌數一下從三十桌直升四十桌，還差點訂不到餐廳。

中午馬總統由新加坡政府宴請，我負責早餐和僑宴，我問他：「明天要幾點吃早餐？早餐要吃什麼？」他說他吃中式早餐，想要吃燒餅油條。我一聽就傻住，因為新加坡哪裡有賣燒餅油條，後來我直接找香格里拉飯店中餐廳的經理，告訴他：「老闆，明天你的貴賓要吃中式早餐燒餅油條，但我們新加坡沒燒餅，你自己要想辦法！」那位經理聽完後說燒餅油條他想辦法去做。第二天燒餅油條果然擺在餐桌上，早上我到飯店找馬總統一起吃早餐，他還讚美早餐很好吃。

在接洽僑宴時，已經不少臺商都告訴我要和馬英九拍照，晚宴開始前，我告訴他：「大家要跟你照相，怎麼辦？」馬英九說：「你可設一個臺子，一個人三秒鐘時間合照。」我有些為難地說：「我沒照過這種照片，一個人只有三秒鐘，而且好幾百人！」

後來我想到一個方法，就是找來臺商身分的陳尚賢攝影師，馬英九站在臺子不動，滿足每一位臺商想要合照的願望，有的是夫婦一起照，照完了太太再單獨照，完了馬上走，只有三秒鐘；事後每個人洗一張六吋照片再裱框送給每位來賓，大家都很高興。

不過，馬英九當天因為前面還有行程，有遲到了一會，原本要先等他來再上菜，但他非常客氣，打電話給我說：「你們先上菜，不要等我，我會慢十幾二十分鐘，不要讓客人等。」再過一會，當時的駐新加坡代表胡為真，也是上將胡宗南的公子，又打一次電話詢問確定時間後才決定上菜開席。吃到第四道菜餚的時候，馬英九才進來，因為他待會還要上臺致詞，所以幾分鐘之內他就把前面三盤菜吃完。

同屬客家鄉親　與蔡英文友誼深厚

我與蔡英文總統認識很早，她在二〇〇五年當選民進黨不分區立委時，曾以立委身分受邀為新加坡僑胞演講〈全球化下臺灣面對的挑戰〉。我和她同為屏東客家人，所以一見面就倍感親切。巧的是那次演講完我要去美國休假，飛機要到臺北轉機到洛杉磯，竟然又和她搭同一班飛機到臺灣，友誼延續至今。

後來蔡英文得到長官賞賜，二〇〇六年當上行政院副院長，那次我回臺灣經由她的祕書聯絡上蔡英文，她很熱情招待我去吃一家美味餐廳。私下的她是一位非常親切有禮的人，那次還去她的副院長辦公室參觀，人還沒到，她先在電梯口等我們。我在她眼中像是一位長輩，她的應對進退，該有的分寸拿捏都非常適當。和她聊到大約五點半時，她率直地對我說：「吃飯去，我工作做完了！」

在幾次私人會面中，我觀察到蔡英文與歷任總統不一樣的地方是她有女性細心內斂的特質，不像一般女性政治人物看起來強勢凶悍；加上她的親切有禮，很容易帶給人好感，所以也讓她仕途一帆風順，能得到貴人提拔，默默從一個大學教授成為兩任臺灣總統，這是她具有高度政治智慧的地方。

三、與世界拚搏的勇氣

我來自傳統的屏東客家鄉鎮，親友大部分都是奉公守法的公教人員，整個家族我是唯一赴海外創業的特例。尤其在保守的七十年代，許多人都認為我已經在臺北紡織廠有了薪水穩定的技師工作，為何要身上背負著債務，遠走新加坡開拓事業？初期大家是不看好的，甚至認為我應該撐不過三年就會收攤回臺灣。

沒想到，我一做就是超過五十年，甚至還遇到不少人生貴人，讓我事業一次又一次成功轉型，渡過危機。這些寶貴且奇妙的際遇，如果我沒有走出臺灣，去和世界拚搏，是不可能遇到的；而若沒有拚搏的勇氣，我的夢想也就不會實現。

探索世界的好奇心　義無反顧到星洲

我從小喜歡交朋友，認識各種不同的人，從高中、專科、到日本念書、出社會工作，人生不同階段都能交到不同的好朋友。也許是大方熱心的個性，讓我對這個世界充滿好奇心和強烈的探索慾望。因此，我念書選了一個離家最遠的臺北；想要繼續深造，選了日本東京；有機會到新加坡設廠，我抱著背水一戰的心理，並告訴自己沒有回頭路，只准成功，不能失敗。

喜歡往外跑，這是我的優點也是缺點。當初在老東家「勤益」我自願去跑業務，我的認知是，人有很多面向和許多可能，如果不多嘗試，怎麼知道適不適合自己呢？如果嘗試成功了，也代表自己有多一項才能，我覺得是很棒的一件事，所以我很喜歡嘗試不同事物。當有個機會可以到新加坡去創業，我評估不需要太大的資本，加上家人支持，決定義無反顧向前行。

人在異鄉打拚，有著許多不為人知的辛酸。當工廠需要更多訂單創造利潤時，我選擇一個最辛苦但也是最有效的方式，那就是走出辦公室，親自去開發市場，馬來西亞、印尼、巴基斯坦、阿富汗、斯里蘭卡、尼泊爾、印度等地，都留下我的足跡和客戶；當我行色匆忙來回穿梭在不同機場不同班機，甚至有幾次是九死一生，在鬼門關前走了幾回，我充分體會到什麼叫「一卡皮箱走天下」！而臺灣讓人稱道的經濟奇蹟，不就是靠臺商一步一腳印走出來的嗎？

餐飲美食走出臺灣　大受當地人歡迎

在很多場合，有不少年輕人知道我創業的故事後，向我請教：如何去異地創業，重新開始？比起五十年前，現在是科技時代，有更多資訊可以取得，創業方向不再是像以前那種勞力密集的產業，也不用那麼辛苦要找工人、找市場；但話說回來，經過這五十年的演變，現在年輕人要在異地創業成功也變得更困難，因為資源也越來越少，畢竟作為開墾拓荒的第一代，機會一定是比較多的。

如果年輕人真的有心要往國外發展，我的個人看法是，目前有兩個管道：一個是投資創業，我知道現在有些臺灣餐飲業品牌在國內打出知名度後，也有心往海外發展，像在新加坡就有不少臺灣餐飲在當地做得有聲有色，一些道地臺式口味的美食非常適合星洲人胃口。

而政府也很鼓勵臺灣餐飲南向發展，經濟部積極扮演推手。二〇一八年外貿協會就帶著十家臺灣連鎖加盟業者參加在新加坡舉辦的「二〇一八亞洲連鎖加盟暨授權展」，將臺灣特色飲料及創意小吃推廣到新加坡，不管是「度小月」的擔仔麵或是在臺灣大街小巷隨處可見的連鎖早餐品牌都很受當地人歡迎。

另外，二〇二三年經濟部商業司也帶著臺灣餐飲業者到新加坡舉辦「二〇二三臺星餐飲業媒合交流會」，很多臺灣餐飲品牌都有參加。我非常開心看到家鄉美食走出臺灣，成為另一種軟性外交。

異鄉發展　培養面對與解決挫折的能力

除了投資創業，目前最多年輕人到海外發展的就是到當地公司工作。有一部分是在當地念完書，就留下來工作；像一些臺灣學生來新加坡念大學，如果學的是電腦資訊或是財經金融，很符合目前新加坡的熱門產業，較容易找到工作。或是由臺灣公司外派到國外，像越南、泰國、中國大陸就有不少臺資企業派遣員工到當地上班。

哪種方式最適合自己，這是沒有答案的。你想要何種人生，必須由自己判斷。當你在異地工作時，遇到挫折該如何處理面對，都是人生成長的經驗。話說回來，在外打拚工作，沒有遇到挫折，就學不到解決的方法；沒有遇到難題，如何增加人生的智慧？我常說，人生的危機就是轉機。當你真正遇到困難時，不見得是壞事，因為有困難就會想方法解決，很多寶貴的經驗就是這樣堆堆疊疊來的。

我記得我是在一九七一年十二月二十七日踏足新加坡的土地，帶來的行李都還沒整理完，不到三天的時間，收到新加坡稅務單位寄來要我報所得稅的信件。

我一方面佩服新加坡政府的高效率，另一方面也告訴自己：「我已經進新加坡了，要開始做工了，要報所得稅了！」看著太太和一旁的三個小孩，頓時感到壓力沉重。

剛開始工廠營運也不順利，不管是員工管理或是業績銷售，都讓我開始懷疑自己是否能做成功，低潮時甚至會忍不住想回臺灣去開個小紡織廠，不管是做業務、做銷售都好，襪子、圍巾、帽子都可以做，幸好這個念頭只有一閃而過！我相信人的潛力是被環境逼出來的，只有遇到挫折和難題時，人才開始會想辦法去解決。在解決的過程中，你會開始想出一個又一個方法來渡過難關，從中你能得到很多寶貴經驗，人生智慧就這樣增加了。

五十年前我還可以到海外做紡織業，紡織業是個勞力密集產業，需要較多的資金和技術，入行門檻高，競爭力較好。但現在人力成本高漲，勞力密集產業已很少有國家可以做，你會的技術，很多人也都會，而且一個比一個厲害，競爭變得更激烈。年輕人要做成功，一定要有自己的真本事，才能有辦法生存。現在時代很難一個皮箱走遍天下做生意，但從小資本的餐飲開始，還是有辦法突圍，像臺灣的珍珠奶茶幾乎已經成為另種臺灣之光，不管走到哪裡開店一定都大受歡迎。

我的想法是如果以做餐飲業為例，可以在每個地方設一個代理商，你不需要到每個地區去開發市場；畢竟人只有兩條腿，全部都靠自己來，並不符合經濟效益。代理商可以代表你去開發市場，現在資訊發達，有進步的網路和通訊設備可以使用，即使要開會，也不用到處跑來跑去，一個線上會議，可以和很多家代理商溝通討論事情。

累積相關經驗　充實自身學識

我回想自己創業時代，不要說手機，要打一通國際電話都要等接線生接半天，我從新加坡打電話回來臺灣要等接線生一個小時，還要先預約時間，電話號碼先告訴電話公司，接線生打通了才可以接話。以前重要的業務往來得靠一種叫 Telex 的電傳機來發消息，現在一個 email 可以即時發到全世界，架一個網站能和全世界做生意。開一家電子商店，不用花大錢去租店面，靠方便的物流就能把貨物送到全球。電子商務顛覆傳統做生意的方式，投入的人越來越多，競爭就越來越激烈，要做到一個滿意的成績，必須要充分地準備，這是現代年輕人想要創業時得面臨到的一個考驗。比起我那個時代，是沒有多少人可以有條件、有資本可以到海外開紡織廠的，越發達的資訊，也將面臨越多人和你競爭，也意味著成功率越低。

我只能用自己這五十年的創業經歷，建議年輕人，如果想要到海外發展，不管是創業或就業，一定要趁年輕的時候，先找到自己有興趣的工作，累積足夠相關經驗，並充實自己的學識，多交朋友，拓展人脈，可以設定將來是想當公司的經營者，還是做專業人才為企業服務，這要靠自己決定。

在工商社會裡，你要擔任經營者還是要成為專業人士，像廠長、總經理，必須要自己有個方向。我從學校畢業後踏入紡織業服務，想要成為一家紡織廠的經營者的夢想從沒消失過，我一邊工作一邊為這個夢想而努力。原本在公司我是有專業技術的技師，但我依然捲起袖子，帶著公司給我的樣品布，從北到南，全省跑透透去做銷售。

當時我做這個決定，家人很不能接受，母親還在我面前掉眼淚，覺得兒子念那麼多書去當推銷員。只有我自己知道，如果要當個紡織廠老闆，不是翹著二郎腿在辦公室看報紙，生意就會自動送上門來，他必須懂銷售，懂業務，更要具備開發市場的能力。

為了更精進我的專業技術，我揮別家人去日本東京工業大學再深造，我不但學到技術，也學會講一口流利日語，懂得和日本商社打好人脈，日後這些人脈對我拓展市場助益很大。為了學習更高階商業管理，我在六十歲高齡，還去念美國大學的EMBA，這一切過程，不僅是磨練自己，也是能將事業做到小有成績的原因。無論做什麼，都不要忘記學習是永無止境的，永遠有更優秀的人才、更先進的觀念和技術，如果不能適時汲取這些養分，就會被時代淘汰。

有一句俗語說得好：「在家靠父母，出外靠朋友。」在異鄉不論是創業或是就業，一定要建立好和諧的人際關係與人脈，人在外地靠自己單打獨鬥是很難成功的，多交好朋友就是為自己創造機會，受益無窮。我回想起當年在新加坡設廠，如果沒有靠著日本商社的人脈與他們建立代理商關係，要到其他國家拓展市場，單憑我個人微薄的力量根本做不到。所以多多與人為善，懂得與他人合作共好，只有好處沒有壞處。

衣錦榮歸　不要忘記回饋家鄉

年輕人有機會到海外發展，如果在異地發展不錯，有一點很重要，那就是我們都是臺灣出生的人，千萬不要忘記家鄉；有成就的話，更要懂得回饋這養育你的土地，因為家鄉越好，在國外也會越受到敬重。

去國五十載，我走遍很多國家，發現臺灣真是很好的一個地方。臺灣人有國家社會意識，儘管我們還是有一些小缺點，但臺灣人有很多幾十年傳承下來的好習慣，例如：不管買什麼都會自動自發排隊，要是有人插隊，一定會有人出來制止；我們還有世界數一數二乾淨整齊的捷運車站，我一些新加坡的朋友來搭捷運，都非常稱讚驚嘆臺灣公民素質之高，一點都不亞於新加坡。希望年輕人在異地衣錦榮歸，不要忘記回饋家鄉，讓自己家鄉更繁榮，你也會更有榮譽感。

從老祖先開始，臺灣就是一代又一代渡海移民建構起來的社會，小從居住的家鄉大到一個國家，只要當地沒有足夠的謀生工作和薪資，人口勢必會往有機會的地區移動；就像六十年代開始大量人口從鄉村往都市移動，尋找工作機會。因為鄉村無法製造足夠的工作機會，生活機能落後，年輕人如何留下來？就像一隻小鳥沒有樹怎麼棲息，政府要把鄉村的環境變成企業化，製造就業機會，才能把當地的人才留下來。

我知道這十多年，臺灣靠著科技業蓬勃發展，留下不少優秀人才。以前要做半導體科技，很多人都只能往歐美流動；現在臺灣有了科技業，不僅能留下人才也強化了國際競爭力。尤其科技業代表高薪資、高收入，能直接帶動當地工商活動，活絡經濟。我希望老家屏東能注入新的經濟活水，帶動當地更多工作機會，繁榮地方，縮小南北經濟差距，成為一個名副其實的寶島。

四、失意事來，處之以忍；得意事來，處之以淡

人生匆匆走過數十寒暑，如果有人問我這輩子最自傲的一件事是什麼，我一定毫不遲疑地回答：「唯一自傲的是我回母校當兼任講師。」的確，我這輩子最自傲的事，既不是在新加坡創業賺錢，也不是子女事業有成，更不是我曾經擔任過亞總總會長，或與多國政商名流交好。「回母校任教」這看起來微不足道的成就，有我的核心價值與精神，那就是將自己的所學貢獻給國家社會，培養人才，回饋育我養我的土地。

自傲曾執教鞭　為臺灣紡織界培養人才

當年我到日本東京工業大學精進紡織技術時，只有三十二歲的年紀，對未來有無限的憧憬。我在日本學到最新的混紡材料、混紡工程學與紡織原料，這些都是當時臺灣很欠缺的專業技術，本來以為這些新技術只能用在老東家的工廠內，後來一個契機——因為學長的推薦，我竟再度踏入母校大門，時移事往，十七年前我進來的身分是學生，十七年後我變成講師。

像以前我的老師一樣，上講臺在黑板寫字，看著臺下學生認真地聽課做筆記，我感受到為人師表的快樂與成就感。也因為開了這門課，我培養了不少這方面的新進人才，臺灣早期的紡織業，我也算是貢獻出所學專長，這是無法用金錢買來的光榮感與驕傲。只有真正付出過時間與精神，才會了解站在講臺上，對著學生傳授知識的使命感。尤其了解臺灣要發展紡織教育的不易，讓我十分珍惜這個教職，而臺下這數十位學生未來都是臺灣紡織業的頂樑柱，肩扛著整個國家的經濟命脈。

我剛從日本東京工業大學回國，馬上有三所大專院校要聘請我教書，主要因為當年紡織專業教育人才非常缺乏。在五六十年代，臺灣紡織業雖然蓬勃發展，但學校教育起步卻很晚。臺灣第一所紡織專科學校是臺北工專紡織工業科和化學科，一九五三年才成立，協助創系的是翁琳榜先生。翁先生是臺灣第一代的紡織專家，新竹客家人，日本山形大學工學部纖維工學科畢業，他在臺北工專執教近二十五年，我當年也被他教過。翁先生為人樸實，學問淵博，他著作的《混紡技術學》、《提花織造學》等書對臺灣紡織業的發展有著深遠影響，而他教出來的學生更是遍及臺灣紡織界。

另一位原本想請我到逢甲大學紡織系任教的林宗華，算是我日本東京工業大學紡織碩士的學長。他剛從日本念完書回國後，曾在臺中潭子的「民興」紡織廠當過廠長；當年他原本要招二十位紡織科畢業的大專生，結果只來了一位，其他十九個人只好找學機械的。主因是當時紡織機器設備昂貴，加上專業師資少，公立大專學校很難設立紡織科系。我的母校畢業生可說是稱霸臺灣紡織界近二十年，而逢甲大學直到一九六四年才成立紡織系，創系主任就是林宗華。

從十八歲踏入學校就讀紡織工業科開始，我的人生命運往後有近六十年的時光都和紡織綁在一起，我常開玩笑說：「你對紡織要產生愛情，才能夠做下去。對你的工作有這麼長感情，這是不簡單的事！」儘管在從事紡織業過程中，中間遇到景氣不佳、客戶不好開發、業績不如預期，但都沒有動搖過我對紡織業堅貞的「愛情」。如今回想起來，我很開心選擇了紡織作為我的「最愛」，為它付出數十年的心血依然不後悔。

得之坦然，失之淡然　用高度看世間事

我也曾想過，如果時光能重來，我還會做出到新加坡創業的選擇嗎？如果沒有去海外，留在臺灣會不會有更好的發展？老實說，我那個年代去海外創業設廠，不見得是最好的發展。因為我離開臺灣時，剛踏入七十年代，那時候紡織業還非

常看好，我是有錯過一些機會！留在臺灣的同學都做得很成功，相較之下，我反而沒他們好。但也因為到新加坡，我的人生增加了更多歷練，成為我一生很寶貴的資產和回憶。

我特別喜歡「失意事來，處之以忍；得意事來，處之以淡」這句話，人生難免有起伏高低，每個人都有機會遇到挫折困難或意氣風發時，有智慧的人應該是「得之坦然，失之淡然」，保持內心的平和與情緒穩定，讓自己處在一個高度看世間事，才是一位快樂的明白人。

我一直相信能用自己的力量幫助人，是老天給的福報，因為這代表你有多餘的能力可以幫助人，就是老話說的「施比受更有福」。除了做生意外，參與公益事業才是我永不退休的工作。

很早的時候，我有認養過五六位小學生，每年資助他們兩萬元，一直到小學畢業。這些孩子大部分是原住民小孩，因為家貧或是單親、父母生病，有的連上學念書的錢都沒有，這點小錢可以讓他們念書，買點日用品，不無小補。他們畢業後有寫感謝函給我，但老師叫他們不要寫家裡地址，我想要找他們也找不到。我覺得這些小孩需要的是延續性的幫助，可能有人因為讀書成績好，想要往上念，但資源不足無法就學，是很可惜的事；或是有人想要找工作賺錢養家，我可以幫他們介紹適合的工作。我希望自己或是志同道合的有心人士出來成立個基金會，幫助貧窮的孩子，翻轉他們的未來。

我自己也是來自不富裕的家庭，深知教育是翻轉階級的一條路，為沒有資源的孩子未來編織夢想。如果當年我沒有繼續念到工專，學得一技之長，也許我可能一輩子就待在老家鄉下，很平淡地過下去，絕不會有後面這麼多的人生際遇。所以我特別心疼沒有錢念書的小孩，他們需要有人拉一把，不被貧窮打敗。

建言政府資助海外臺商　增加競爭力

貧困的小孩需要有愛心人士資助，同樣在海外打拚的臺商也需要政府的幫助。在新加坡五十三年，我看盡大大小小的臺商企業在海外生存的不易，深知他們都非常需要來自政府的支援與幫助。所以如果有機會與政府相關單位人士會面，我每次都會提到希望政府對於我們這些臺商能有一些實質的幫助；畢竟臺商在海外經商有成也是國力的另種延伸，有時能發揮的外交軟實力不亞於政府的外交單位。

創業做生意最怕資金不足，外資企業要向異地銀行貸款不易，現在僑委會有海外信保基金可以借款，但我覺得除了政府的資金外，也要提供最新的商業資訊供廠商參考，以平衡投資創業的風險。另外，就是協助國內大型企業到外面設工廠的時候，參加當地臺商的組織，予以資助。

例如新加坡臺商在一九九一年創立的「新加坡臺北工商協會」有兩百多家企業會員，包括華航、長榮等大型企業，領域包括食品加工、餐飲、電子、化工、海運和其他高科技行業等，經由這些臺資企業會員的橫向聯繫，除可以增加人脈外，也可以得到有用的商業資訊。

臺灣有很好的營造品質，政府應該多投標海外標案，不管是蓋港口、蓋機場；像以前有榮工處，為沙烏地阿拉伯做了很多基礎建設。政府的海外標案，可由當地臺商承接，目前中國大陸就承接不少馬來西亞、新加坡的標案，臺灣政府應該更積極主動些，拿出魄力，增加海外臺商的競爭力。

在培養臺商軟實力上，政府可鼓勵當地臺商接受國內大學EMBA的課程，由政府出資聘請教授到當地授課，作為臺商進修的管道，而臺商的海外經商經驗也會是EMBA很好的教學素材內容。

秉持著臺商及客家傳統文化精神　貢獻個人心力

去過世界很多國家後，我還是對臺灣最有感情，這塊土地有我童年的回憶，也有我年輕時打拚奮鬥的經歷，有我的親人、朋友。我在日治時代出生，當過日本的殖民地國民；一九四五年，臺灣光復後，我變成中華民國的國民；一九七一年移居新加坡經商，一九八六年成為新加坡國民。在美國的孩子取得公民身分後，曾說要替我辦依親拿綠卡，被我婉拒了。

年老後，我最大心願還是回到家鄉，在老家屏東買塊地當個簡單生活的農夫，種種花，還有一些自己喜歡吃的蔬菜，那種踏在屬於自己的土地上安穩又自在的感受。這些對一位在海外漂泊五十載的遊子來說，是最真實的享受，「落葉歸根」或是「落地生根」，成為我的抉擇題。

另一方面，我也渴望用自己的經驗為臺灣同胞做更多有意義的事，因而與一群臺商創立了「新加坡臺北工商協會」。我常常會利用協會與世界各國團體交流的機會，將臺灣之美與經濟奇蹟介紹給參與盛會的各界外賓。原本只是一個海外社團，卻得到政府單位的重視，不管是歷任駐新加坡代表或是僑委會都對我們社團的大力支持，讓我銘感在心。另一個我創立的社團是「臺灣客家同鄉聯誼會」，出發點原本只是想為海外客家鄉親做點事，沒想到二〇〇九年客委會頒了一個客家貢獻獎海外推廣類的獎項給我，讓我受寵若驚。臺灣是我的根，我自豪於臺灣人勤奮打拚的精神，我很想當臺灣永遠的志工，為我的家鄉貢獻個人小小力量，將臺灣的好與善，讓世界更多人看到。

鍾仕達大事紀

一九三三年　生於屏東萬巒

一九四六年　就讀潮州中學初中部

一九四九年　考進潮州中學高中部

一九五六年　考進臺北工專紡織工業科第四屆

一九五六年　高等考試紡織科類優等及格，並獲得公務人員聘任資格及紡織技師資格。

一九五九年　自臺北工專紡織工業科畢業

一九六二年　以技師高考資格進入勤益毛紡服務

一九六五年　赴日本東京工業大學材料加工科研究所研習

一九六八年　兼任臺北工專紡織工業科講師

一九六八年　兼任實踐家專服裝設計科講師

一九七一年　赴新加坡創設聯星纖維公司擔任董事暨副總經理

一九八五年　擔任新加坡勵豐企業董事長
一九九〇年　擔任新加坡威利製衣廠董事長
一九九〇年　擔任新加坡新德工業有限公司董事長
一九九〇年　擔任馬來西亞威勝製衣廠董事長
一九九一年　參與創立新加坡臺北工商協會擔任副會長
一九九三年　擔任馬來西亞漢德焊條材料有限公司董事長
一九九三年　擔任僑務委員會僑務工作研究促進委員會委員
一九九五年　擔任上海志德精密工業機械有限公司董事長
一九九八年　獲頒屏東縣萬巒國民小學一百週年校慶傑出校友
一九九八年　擔任新加坡臺北工商協會會長
一九九八年　擔任亞洲臺灣商會聯合總會副會長
一九九九年　擔任亞洲臺灣商會聯合總會會長
一九九九年　擔任世界臺灣商會聯合總會副總會長
一九九九年　獲頒美國西太平洋大學傑出校友
二〇〇〇年　擔任亞洲臺灣商會聯合總會名譽總會長
二〇〇〇年　獲頒國立臺北科技大學傑出校友

二〇〇〇年　自美國西太平洋大學畢業，取得MBA企業管理碩士學位。
二〇〇一年　擔任世界臺灣商會聯合總會諮詢委員
二〇〇一年　與林俐瑩老師創設新加坡華星合唱協會
二〇〇五年　創立新加坡臺灣客家同鄉聯誼會
二〇〇六年　擔任僑務委員會僑務委員（總統聘令）二任（至二〇一三年）
二〇〇九年　獲頒客委會海外推廣類客家貢獻獎
二〇一一年　創立亞洲臺灣客家聯合總會擔任創會總會長
二〇一一年　以中華民國僑務委員的身分，參加《百齡薪傳聖火點燃大會》，由檀香山經臺北迎聖火返新加坡。
二〇一二年　推動新加坡臺北工商協會成立木球協會，並與新加坡木球協會會長鍾天祥，共同辦理國慶盃木球賽。
二〇一三年　獲頒僑委會三等華光專業獎章，表彰對海外僑社及客屬社團的貢獻。
二〇二〇年　獲頒客家委員會三等客家事務專業獎章，表彰長期投入海內外客家事務的熱誠與奉獻。
二〇二四年　獲頒僑務委員會福爾摩沙僑務專業獎章

釀時代37　PC1139

鍾仕達
——與世界拚搏的勇氣

口　　述　鍾仕達
採訪撰述　蕭幼岩
責任編輯　洪聖翔
圖文排版　楊家齊
封面設計　李孟瑾

出版策劃　釀出版
製作發行　秀威資訊科技股份有限公司
114 台北市內湖區瑞光路76巷65號1樓
電話：+886-2-2796-3638　傳真：+886-2-2796-1377
服務信箱：service@showwe.com.tw
http://www.showwe.com.tw
郵政劃撥　19563868　戶名：秀威資訊科技股份有限公司
展售門市　國家書店【松江門市】
104 台北市中山區松江路209號1樓
電話：+886-2-2518-0207　傳真：+886-2-2518-0778
網路訂購　秀威網路書店：https://store.showwe.tw
國家網路書店：https://www.govbooks.com.tw
法律顧問　毛國樑　律師
總 經 銷　聯合發行股份有限公司
231新北市新店區寶橋路235巷6弄6號4F
電話：+886-2-2917-8022　傳真：+886-2-2915-6275

出版日期　2024年9月　BOD一版
定　　價　450元

讀者回函卡

Printed in Taiwan

國家圖書館出版品預行編目

鍾仕達：與世界拚搏的勇氣 / 鍾仕達口述；蕭幼岩採訪撰述. -- 一版. -- 臺北市：釀出版, 2024.09
面；　公分. -- (釀時代；37)
BOD版
ISBN 978-986-445-974-2(平裝)

1.CST: 鍾仕達 2.CST: 傳記

783.3886　　113011139